나날이 불확실해지는 경영 환경,

애자일 마케팅으로 돌파하라

AGILE MARKETING

더 빠르고 더 유연한 '애자일마케팅'으로 확실하게 성취하라!

나날이 불확실해지는 경영 환경,

애자일 마케팅으로 돌파하라

이건호 외 공저 (조수호, 최문성, 손민지)

목차

프롤로그 **뷰카VUCA에는 애자일agile로 대응하라** 8

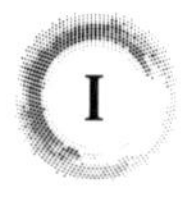

왜 애자일Agile인가?

1 불확실성의 시대, 게임의 룰이 바뀌었다 16
— 높은 불확실성/낮은 성장성의 시대 16
— 산을 오를 것인가, 바다를 건널 것인가? 19

2 애자일 기업의 등장 25
— War of Position vs. War of Movement 25
— 애자일 기업의 등장 30

애자일, 마케팅으로 거듭나다

1 마케팅, 너도 민첩해져야 해! 42

2 애자일마케팅의 시대를 선언하노라 48

3 애자일마케팅, 어떻게 활용하나? 57

— 애자일마케팅을 적용할 수 있는 분야 57

— 애자일마케팅이 필요한 이유 59

— 애자일마케팅의 효과 63

— 애자일마케팅의 도입 방법 65

애자일마케팅 (1) 전략

1 애자일마케팅 전략 수립을 위한 SFC 워크숍 72

2 고객이 쓴 가면, 페르소나persona 81

— 페르소나, 어떻게 도출하는가? 87

3 멀고도 험한 여행길,
고객의사결정여정Customer Decision Journey 93

— 고객여정지도를 만들자 101

4 고객과의 스킨십, 터치포인트Touch point 109

5 고객의 사연을 담은 고객스토리Customer Story 118
— 실행에 옮길 수 있는 고객스토리를 쓰려면? 126

6 고객스토리가 모이는 마케팅 백로그Backlog 133
— 스프린트 플래닝 미팅의 최종 산출물, 애자일마케팅캔버스 139

애자일마케팅 (2) 운영

1 애자일마케팅 운영의 핵심, 스크럼Scrum과 스프린트Sprint 144
— 애자일마케팅 운영, 스크럼 방식 144
— 왜 스크럼Scrum일까? 147
— 폭발적인 질주, 스프린트Sprint 152

2 스크럼 방식을 위한 네 가지 미팅 156

3 애자일마케팅의 또 다른 운영 방식, 칸반Kanban 170
— 칸반 방식을 실행하기 위한 네 가지 방안 175
— 스크럼과 칸반의 혼합, 스크럼반 181

4 애자일마케팅 팀 구성과 애자일 코치의 역할 187
— 애자일마케팅 팀의 2가지 유형 187
—스크럼 팀의 기본 구조와 애자일 코치의 역할 193

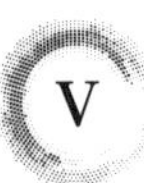

애자일마케팅 (3) 디지털 테크놀로지

1 마케팅 테크놀로지 기반의 애자일마케팅 ······ 204

2 애자일마케팅 백로그 추적 — Track it ······ 208

3 애자일마케팅 백로그 분석 - Analyze it ······ 212

4 애자일마케팅 백로그 시각화 — Visualize it ······ 222

5 애자일마케팅 적용의 지름길, 마케팅 자동화 ······ 228

애자일 컴퍼니의 성공 사례

1 스포티파이 ······ 234

2 EMC ······ 245

프롤로그

뷰카VUCA에는 애자일agile로 대응하라

애자일agile, 민첩성敏捷性과 같은 용어가 경영에 활용되기 시작한 것은 어제오늘의 일은 아니다. 20여 년 전인 2001년 소프트웨어 개발에 애자일 방식을 활용하겠다는 '애자일선언문agile manifesto' 발표를 시발로 해서 2008년에는 프랑스 인시아드의 이브도즈 교수에 의해 '전략적 민첩성strategic agility'이라는 개념이 발표되었고, 2012년에는 '애자일마케팅선언문'까지 세상에 나왔다.

흔히들 '정치는 살아 있는 생물'이라고 하지만 경영도 그에 못지않아서, 자신을 둘러싼 환경의 변화에 적응하기 위해 부단히 변신과 진화를 꾀한다. 그런 맥락에서 보자면 이제 경영에 있어 '애자일'은 단순히 새로운 개념을 넘어서 새로운 패러다임으로 진화하고 있는 듯하다.

그렇다면 과연 무엇이, 영어로도 생소하고 한국말로조차 자주 쓰지 않는 '민첩성', '기민機敏함'과 같은 용어를 패러다임으로까지 진화시키고 있는 것일까? 그것은 다름 아닌 점차 '뷰카VUCA'해지는 세상 때문이다. VUCA는 점점 변덕스러워지고volatile, 불확실해지고uncertain, 복잡해지고complex, 모호해지는ambiguous 환경을 의미하는 신조어다. 경영자들이 인식하든 인식하지 못하든, 기업을 둘러싼 경영 환경은 오래전부터 뷰카해져 왔고, 앞으로도 더욱 뷰카해질 것이다.

다윈에 대해 사람들이 잘못 알고 있는 것이 있다면 '진화론'을 통해 그가 주장하고자 했던 메시지가 '약육강식弱肉强食'이라는 것이다. 그러나 다윈이 말하고자 했던 진짜 메시지는 약육강식이 아니라 '적자생존適者生存' 즉 변화에 적응하는 종種이 살아남는다는 것이다. 보통 사람들에게는 다소 생소한 애자일, 즉 민첩성이라는 용어가 경영의 새로운 패러다임으로 부각되는 이유가 여기에 있다. '뷰카'라는 거대하면서도 집요한 변화의 물결에는 '애자일'이라는 속성으로 적응할 필요가 있기 때문이다.

특히 제품개발이나 마케팅처럼 고객과 접점에 있는 프로세스들이 애자일 혁신을 통해 변화에 적응하고 더 나은 성과를 낼 수 있는 잠재

력이 높다.* 애자일 방식이 고객을 가장 중심에 놓고 반복적으로 고객으로부터 피드백을 받아 보다 나은 산출물을 만들어 가는 과정이기 때문이다.

그중에서도 마케팅은 전통적으로 STPSegmenting, Targeting, Positioning로 전략을 세우고 4PProduct, Price, Place, Promotion로 전술을 설정하여 에이전시들의 도움을 받아 실행해 오던 기능이었다. 그러나 디지털 기술의 발달로 인해 마케팅에도 천지개벽과 같은 변화들이 일어나고 있다.

기업의 밸류체인value chain 전체가 디지털 기술의 영향을 받고 있지만 마케팅만큼 디지털 기술의 영향을 많이 받은 것도 드물다. 디지털마케팅은 지금 이 순간에도 새로운 기술로 진화를 거듭하고 있다. 빅데이터 분석을 통해 1:1 마케팅이 가능한 수준까지는 이미 도달하였고, 앞으로 AI의 발달과 함께 또 얼마나 새로운 진화를 거듭할지, 기대와 함께 두려움마저 든다. 지금 나와 있는 것도 다 소화 못하는데 앞으로 나올 것들은 언제 따라잡을 수 있을까, 혹시 이렇게 뒤처지다가 경쟁에서 도태되지 않을까 하는 두려움 말이다.

경영 환경은 뷰카해지고, 새로운 디지털 기술의 등장으로 새로운 마

* 'Agile Organization', Cap—Gemini Consulting

케팅이 가능해진 상황에서 STP, 4P 같은 전통적인 마케팅 방식으로는 도저히 이 두려움을 극복할 수 없을 것이다. 이런 상황에서 2012년 미국의 한 컨퍼런스에 모인 일군의 마케터들이 '애자일마케팅선언문agile marketing manifesto'을 발표하고 본격적으로 '애자일마케팅'을 세상에 알리기 시작했다. 그 이후 애자일마케팅은 시행착오를 겪긴 했지만 미국을 중심으로 확산되고 있는 추세이다.

그러나 우리나라에서 '애자일마케팅'은 도입 초기 단계이다. '애자일'은 아직 IT 관련 소프트웨어개발, 좀 더 나아가면 제품개발과 관련된 것이라는 인식이 지배적이다. 간혹 전사적으로 애자일 혁신을 도입하려는 기업들이 있긴 하지만 그마저도 애자일 리더, 애자일 조직 등에 국한된다. 사실 마케팅이야말로 애자일 혁신을 통해 생산성과 효과성을 극적으로 높일 수 있는 분야이며, 이는 이론 및 경험으로 입증되고 있다.

이런 시점에서 우리나라 기업들, 특히 마케터들이 마케팅의 애자일화에 좀 더 관심을 기울였으면 하는 바람으로 이 책을 집필하게 되었다. 1장과 2장은 기업 경영에서 애자일 개념이 어떻게 패러다임으로 진화하고 있는지 그리고 마케팅은 왜 애자일화되어야 하는지에 대한 배경을 설명하고 있다. 3장부터 5장까지는 애자일마케팅을 어떻게 적용할 것인지 전략, 운영, 테크놀로지로 나누어 구체적으로 설명하고 있

다. 마지막 6장에서 애자일 컴퍼니와 마케팅에 대한 사례를 제시하여 독자의 이해를 돕고자 하였다.

국내에서는 아직 애자일마케팅이 생소하다 보니, 경험도 부족하고 자료나 정보도 충분치 않아 이 책이 독자들의 궁금증을 충분히 해소시켜 줄 만한 내용이라 자신하기는 어렵다. 그러나 이 책 또한 당장은 부족한 점이 있으나 곧 독자들의 피드백을 받아서 수정/보완하는 애자일 방식으로 완성도를 높여가고자 한다.

책을 읽으시다가 생기는 의문이나 각종 건설적 비판과 건의를 QR코드를 통해 보내주시면 즉시 대응할 수 있는 것은 빠른 시일 내 개별적 답변을 보내드릴 예정이다. 그리고 좀 더 연구가 필요한 부분들은 더 공부하고 경험해서 다음 개정판에 반영할 것이다.

책을 쓰다 보니 '애자일'이라는 속성이 꼭 기업에게만 필요한 것이 아니라는 생각이 들었다. 경영 환경 못지않게 나날이 불확실해지는 우리들 개개인의 삶에도 애자일한 방식이 필요한 게 아닐까? 생각이 여기까지 미치다 보니, 애자일이 단순한 경영기법이 아니라 외부의 자극에 대한 현명한 대응 방안을 찾아가는 모든 유기체들에게 필요한 태도, 더 나아가 철학이 아닐까 하는 결론에 이른다.

애자일 방식을 깊이 파고 들어가 보면 다음과 같은 통찰적 지혜를 깨달을 수 있다. '불확실한 세상에서는 미래의 완벽한 목표에 이르기 위해 길고 구체적인 계획을 세우고 장기적으로 노력하는 것보다 현재 가능한 수준에 집중할 때 훨씬 더 만족스러운 미래를 보장받을 수 있다.'

안개가 잔뜩 낀 바다 위에서 멀리 보이는 파도의 물마루를 목표로 삼고 열심히 노를 저어 본들 그 파도의 물마루에 도착할 수는 없다. 뷰카한 환경에서는 올바른 방향을 잡고, '지금/여기'에서 시시각각 닥치는 변화에 집중하고 대처하는 것이 가장 현명한 방법일 것이다.

나날이 뷰카해지는 세상, 기업이든 인생이든 그리고 마케팅이든 애자일한 자가 가장 오래 갈 것이다.

애. 자. 생. 존(A者生存)

2020. 5 이건호

I

왜 애자일Agile 인가?

1

불확실성의 시대,
게임의 룰이 바뀌었다

높은 불확실성/낮은 성장성의 시대

대관령은 경관이 수려하다. 특히 양 떼를 방목하는 목장 지대로 가면 마치 평화로운 알프스 초원 지대에 온 것 같은 착각이 들 정도다. 그러나 방심은 금물이다. 산악 지역이라 날씨의 변덕이 심하기 때문에 운전을 할 때는 항상 시시각각 변하는 날씨에 촉각을 곤두세워야 한다. 갑자기 멀리서 안개가 스멀스멀 끼기 시작하면 대관령의 악몽(?)이 시작되기 때문이다.

몇 해 전에 가족과 차를 몰고 대관령에 놀러 갔다가 그런 악몽을 경험했다. 그토록 아름답던 주변 경관이 갑자기 불어오는 바람과 함께 어느새 안개로 자욱해졌던 것이다. 전방 1~2미터도 시야가 확보되지 않

았다. 대낮에 헤드라이트를 켰지만 눈앞을 가로막고 있는 안개만 더 선명하게 보일 뿐이었다. 앞에서 주행하는 차의 깜빡이만 뚫어져라 쳐다보면서, 말 그대로 엉금엉금 기어서 그 지역을 빠져나왔던 기억이 있다.

안개가 잔뜩 끼면 그 어느 누구라도 속도를 올릴 수 없다. 이 길 모퉁이를 돌았을 때 어떤 장애물이 튀어나올지 모르기 때문에 누구나 조심조심 운전할 수밖에 없다. 기업 경영의 이치도 마찬가지다. 사업 환경에 불확실성이 짙은 안개처럼 끼어 있으면 누구든 성장의 속도를 올릴 수 없다. 당장 매출 기회가 보여도 그것 때문에 값비싼 고정자산과 인력을 함부로 투자할 수 없을 것이다. 당장 매출 기회를 잡는다 해도 계속 그런 기회가 생길 것이라는 확신이 없기 때문이다. 만약 새로운 고정자산과 인력을 잔뜩 투자해 놓았는데 매출 기회가 계속 생기지 않는다면 기업 입장에서는 그야말로 악몽을 겪게 된다.

그러므로 그것이 대관령이든 신사업이든 안개라는 불확실성이 짙게 끼면 누구나 속도를 줄이고 잔뜩 웅크린 채로 조심조심 행동할 수밖에 없다. 작금의 글로벌 경제 상황이 바로 그런 양상이다. 불확실성은 점점 높아지고 있고, 세계 경제의 성장 속도는 점점 떨어지고 있는 고불확실성/저성장의 국면이다.

그러나 경영 환경이 늘 이랬던 것은 아니다. 우리나라의 경우만 보더라도 다음 그림에서 보듯이 불확실성과 성장성이 모두 낮아서 '모든 것이 명확하지만 시장이 느리게 발전했던 시기'에서부터 불확실성은 낮으나 성장 속도가 빨라서 '탄탄대로를 달리기만 하면 성공할 수 있었

<그림 I—1> 경영 환경의 변천

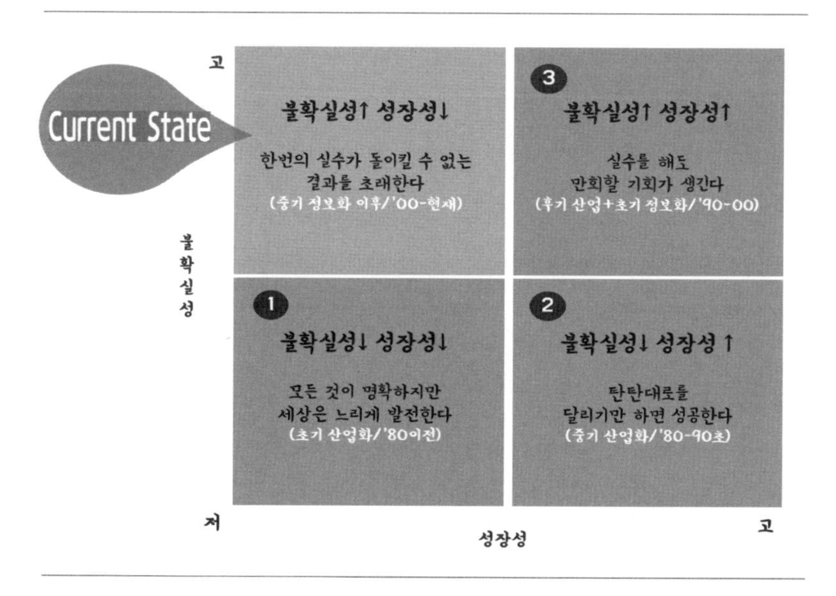

던 시기'를 거쳐, 비록 불확실성은 높으나 성장 속도는 여전히 빨라서 '실수를 해도 만회할 기회가 생겼던 시기'에까지 이르렀다.

그러다가 2008년 이후 세계는 저성장, 저물가, 저금리를 의미하는 뉴노멀New Normal 시대로 접어들었으며 최근에는 4차 산업혁명이 진행되며 불확실성을 더하고 있다. 이렇게 불확실성이 높고 성장성이 낮은 상황에서는 한 번만 잘못된 의사결정을 내려도 시장 경쟁에서 도태될 수 있다.

앞으로도 4차 산업혁명이 가속시키는 변화와 그에 따른 불확실성은 저성장의 기조와 맞물려 새로운 게임의 룰을 만들게 될 것이다. 그러므로 이런 역동의 시대에 대기업이건 스타트업 기업이건 사업을 하는 모든 기업들은 변화에 적응하고 승리하기 위해서는 새로운 게임의 룰을 명확히 이해해야 한다.

산을 오를 것인가, 바다를 건널 것인가?

"태산이 높다 하되 하늘 아래 뫼이로다"로 시작하는 유명한 시조가 있다. 중종과 선조 때 벼슬을 지낸 서예가 양사언의 시조이다. 인간의 게으름을 등산에 빗대어 타이르는 내용이다. 이 시조의 나머지 부분은 다음과 같다.

오르고 또 오르면 못 오를 리 없건마는

사람이 제 아니 오르고, 뫼만 높다 하더라

읽을 때마다, 운율이 리드미컬한 것은 물론이고 메시지도 단순하면서 명징하여 수백 년간 입에서 입으로 전해져 내려올 만큼 강한 생명력을 갖춘 명시임을 다시금 깨닫게 된다. 그런데 이 시에서 우리가 간과한 것이 하나 있다. 바로 "오르고 또 오르면 못 오를 리 없건마는"이라는 구절 속에 내포된 또 다른 의미이다. 보통은 사람이 열심히 오르면 어떤 산도 오를 수 있다는 의미로 해석해서 산을 정복하는 모든 의무를 사람에게 지운다. 그러나 지진이 상시적으로 일어나서 끊임없이 산봉우리가 생겼다 없어지고 길이 생겼다 없어진다면, 보통 사람은 차치하더라도 엄홍길 대장 같은 등반의 고수들조차 산을 정복하기 어려울 것이다.

양사언의 말대로 "오르고 또 오르면" 반드시 정복 가능한 이유는 보통 산의 목표 지점인 최고봉과 거기에 이르는 길이 유동적이지 않기 때문이다. 물론 최고봉에 이르는 길은 여러 가지이고 시시각각 날씨가 변해서 등반의 상황이 달라지기는 하지만 그렇다고 지형지물이 바뀌는 것은 아니다. 지형지물이 바뀌면 목표 자체가 사라지게 되거나 목표로서의 의미를 상실할 수도 있기에 날씨의 변화와는 차원이 다른 결과를 만들어 낸다.

과거 불확실성이 낮은 경영 환경 속에서 사업을 할 때는 마치 산을 오르는 등반과 조건이 흡사했다. 날씨가 변덕스럽기는 해도 일기 예보를 참조하면 어느 정도 대비를 할 수 있고, 무엇보다 산꼭대기가 어디로 도망가거나 사라지는 것이 아니기 때문에 시간이 걸려도 묵묵히 부지런히 올라가면 "못 오를 리" 없었던 것이다.

그래서 이런 시기에 성공하기 위해서는 사업에 대한 정확한 지도(전략/계획)와 튼튼한 근육(자원), 성실성과 속도 등이 중요한 덕목이었다. 그러나 이제 세상이 많이 바뀌었다. 특히 경영 환경은 이전보다 많이 바뀌었고 지금도 계속 바뀌고 있다. 산을 올라가는 등반이 아니라 바다를 건너가는 항해의 형국으로 바뀌고 있다.

<그림 I–2> 불확실성이 낮은 환경에서의 경쟁

지형지물이 고정된 산을 올라가는 경쟁이라 할 수 있고…

… 경쟁에서 이기기 위해서는 올바른 지도와 속도가 관건임

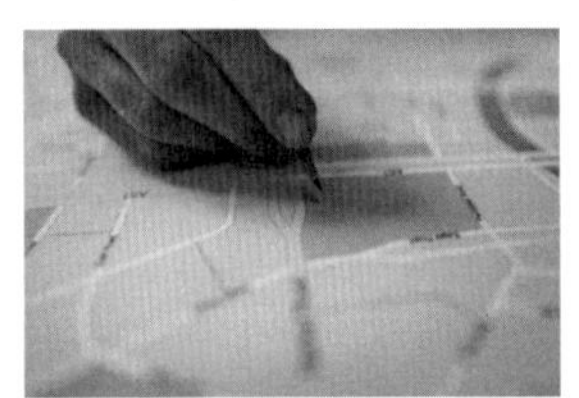

· 명확한 목표
· 전략의 효과성
· 운영의 효율성

그렇다면 바다를 건너간다는 것은 무엇을 의미할까? 특정 항구나 섬을 목표로 정해 놓고 그곳을 향해 가려는 메커니즘은 등반과 동일하다고 할 수 있다. 그러나 바다는 고정되어 있지 않다. 길이 나 있는 것도 아니고 이정표가 있는 것도 아니다. (물론 지금은 첨단 기술의 발달로 바다 위에서도 해로라는 길을 만들고, 해도라는 지도를 가지고 한 치의 착오도 없이 항해를 하지만 여기서 등반과 항해는 불확실성이 높고 낮은 상황에 대한 비유이니 그에 맞게 이해하기 바란다.)

저기 멀리 보이는 큰 파도의 물마루를 목표로 하고 부지런히 노를 저어 가다 보면 어느새 그 파도는 사라지고 없다. 그러다 보면 열심히 노를 저었지만 지금 자기가 어디에 있는지조차 알 수 없는 혼돈의 상황에 처하기도 한다. 이처럼 모든 것이 불확실하고 유동적인 상황에서는 고정된 목표를 추구하는 것이 의미 없는 일이 될 수도 있다. 이런 상황

<그림 I—3> 불확실성이 높은 환경에서의 경쟁

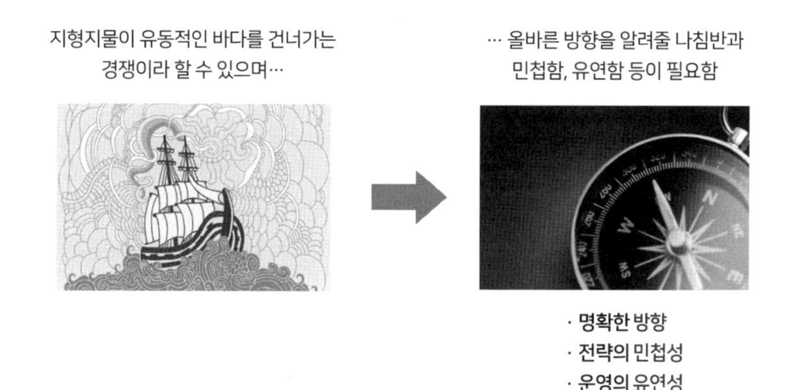

지형지물이 유동적인 바다를 건너가는
경쟁이라 할 수 있으며…
… 올바른 방향을 알려줄 나침반과
민첩함, 유연함 등이 필요함
· 명확한 방향
· 전략의 민첩성
· 운영의 유연성

에서 사업을 할 때는 지도보다는 올바른 방향을 알려주는 나침반, 미세한 변화도 감지할 수 있는 감수성, 변화에 따라 행동을 수정할 수 있는 민첩함 등이 성공을 위한 중요한 덕목이 될 것이다.

불확실성이 낮은 환경과 높은 환경, 즉 산을 오르는 등반과 바다를 건너는 항해 각각에서 승패를 결정짓는 결정적인 요소는 무엇일까? 각각의 상황에서 성공을 위해 필요한 요소들이 많지만 그중에서 대표적인 것을 뽑으라면 등반에서는 속도speed이고, 항해에서는 민첩성agility이라고 할 수 있다.

먼저 속도speed를 언급할 때, 빼놓을 수 없는 한 사람이 있다. 바로 '우사인 볼트'이다. 자메이카 출신의 단거리 육상 선수인 우사인 볼트는 은퇴하기 전까지 그야말로 타의 추종을 불허하는 독보적인 존재였다. 장애물 없는 탁 트인 100m 레인에서 우사인 볼트보다 더 빨리 달릴 수 있는 사람은 적어도 한동안 없었다. 이 무시무시한 속도는 바로 목표에 대한 명확한 인지와 그의 강인한 근육에서 폭발적으로 만들어졌다.

그러나 민첩함agility의 세계에서는 얘기가 좀 달라진다. 리오넬 메시는 축구 선수 중에서 빠른 편이기는 하지만 가장 빠르지는 않다. 키나 체구로 봤을 때도 역시 대단히 강인한 신체 조건을 갖춘 선수는 아니다. 그런데 그는 어째서 현존하는 축구 선수 중에서 가장 위대한 선수로 추앙받을까? (호날두를 좋아하는 팬에게는 물론 아니겠지만.)

축구에서는 혼자서 100m씩 공을 몰고 달리는 경우가 흔치 않다. 누군가 공을 잡으면 상대편 선수들이 앞뒤에서 달려들어 방해도 하고, 파울이라도 해서 어떻게든 공을 뺏으려 하기 때문이다. 그런 축구에서 메시가 유명해진 것은 달려드는 상대편 선수들을 요리조리 피해서 직접 골을 넣기도 하지만, 동료 선수가 골을 넣을 수 있도록 결정적인 패스를 잘하기 때문이다. 속도도 제일 빠르지 않고, 신체 조건도 제일 강하지 않지만 메시가 이렇게 할 수 있는 이유는 바로 '민첩성' 때문이다. 메시는 사방에서 변화를 감지하고, 거의 동물적으로 판단하여, 시시각각 가장 최선의 길을 찾아 유연하게 상대 선수들을 따돌릴 수 있다. 그것이 바로 민첩성이다. 이런 민첩성은 변화에 대한 높은 감수성과 근육의 유연함에서 나온다.

2

애자일 기업의 등장

War of Position vs. War of Movement

서양에 체스가 있다면, 동양에는 바둑이 있다. 둘 다 복잡하고 치밀한 전략을 토대로 싸우는 지적知的 게임이다. 그러나 싸우는 방식은 사뭇 다르다. 서양의 체스는 직접적인 싸움이다. 체스의 말은 상대의 말을 직접 공격해서 좋은 포지션을 확보하고, 그러한 좋은 포지션들을 활용해서 상대의 우두머리를 잡음으로써 승리를 쟁취한다. 그래서 체스는 각 편의 군사가 정렬해 있는 상태에서 게임을 시작한다. 치열한 싸움을 펼치고 나면 군사들이 하나둘 사라지고, 마지막에는 전략이 필요 없을 만큼 외통수에 몰리는 상황에 이르기도 한다. 그러니까 각자 정해진 영역을 가진 상태에서 상대의 영역을 빼앗는 게임이다.

반면 동양의 바둑은 체스에 비하면 간접적이다. 바둑도 상대의 돌을 잡기는 하지만 직접 잡지 않고 포위해서 잡는다.(물론 바둑돌을 가지고 알까기 게임을 할 때는 예외다.) 그래서 상대에게 작은 영역을 빼앗기다가도 어느새 상대의 대마를 포위하여 항복을 받아내면 게임을 이길 수 있다. 바둑은 바둑판이 텅 빈 상태에서 게임을 시작한다. 거기에 번갈아 가면서 한 점 한 점 돌을 놓아 자신의 영역을 구축하는 게임이다. 그래서 새로운 영역을 먼저 개척하고 튼튼한 방어막을 구축하거나 상대가 구축 중인 영역을 포위해서 무력화시키는 쪽이 승리하게 된다.

둘 다 매우 재미있는 지적 게임이지만 이렇듯 싸우는 방식은 차이가 크다. 사업의 관점에서 보자면 체스의 방식은 주어진 시장에서 직접적으로 난타전을 벌여서 경쟁자를 몰아내고 자신이 시장을 차지하는 소위 레드오션 게임이고, 바둑은 미지의 영역에서 새로운 사업 모델을 개발하여 블루오션을 만들어 내는 게임이라고 할 수 있다.

이 두 가지 방식을 좀 유식하게 표현하면 'War of Position' 대 'War of Movement'라 할 수 있다. 우선 체스의 방식은 'War of Position'이

다. 상대의 공격을 받지 않은 상태에서 계속 상대를 공격할 수 있는 포지션을 확보해 나가면 이기기 때문이다. 반면 바둑의 방식은 'War of Movement'다. 새로운 영역에 먼저 진입하는 것은 물론이고 상대가 치고 들어오면 끊임없이 방어막을 쌓으면서 동시에 새로운 영역으로 지속적으로 뻗어 나가야 한다. 즉 지속적으로 먼저 움직이는 쪽이 이기는 게임이기 때문이다.

사업 경영에서도 마찬가지다. 과거처럼 환경의 불확실성이 낮고 세계 경제도 고성장을 구가할 때의 게임 룰은 'War of Position'이라고 할 수 있다. 주어진 경쟁의 장에서 가장 유리하다고 판단되는 '포지션을 누가 먼저 차지하느냐'의 게임이었다. 가령 어느 산업이 어느 정도 궤도에 올라 시장이 형성되면 '대량생산을 통한 규모의 경제 확보'와 같은 산업의 핵심 성공 요소Critical Success Factors/CSF들이 정해지고, 다음은 누가 대규모 투자를 통해 대량생산 체제를 먼저 구축하느냐의 게임이었다. 유리한 고지를 경쟁자보다 먼저 점령하면 승리하게 되는 것이다.

그러나 오늘날 경영 환경은 언급한 것처럼 '높은 불확실성과 낮은 성장'이다. 시장은 성장하지 않는데, 미래는 더욱 불확실해지니 경쟁은 점점 치열해질 수밖에 없다. 이런 경영 환경의 특성은 기술이 급격하게 변하고, 제품 수명은 점점 짧아지고, 발매 주기 역시 빨라지고, 혁신은 점점 더 빠르게 일어나며, 인터넷을 비롯한 디지털 기술들로 인해 경쟁 우위의 지속 시간이 굉장히 짧아지면서 예기치 못한 아웃사이더들이

등장한다는 점이다.

이러한 현상을 미국 다트머스 대학의 리처드 다베니 교수는 '초경쟁 Hyper Competition'이라 정의하였다. 초경쟁 시대에는 게임의 룰이 'War of Movement'로 변한다. 산업의 핵심 성공 요소, 즉 CSF가 고정되어 있지 않고 계속해서 불규칙하게 움직이기 때문이다.

우버를 생각해보라. 기존의 택시 회사들은 우버가 자신을 위협하는 경쟁자가 되리라고는 생각지도 못했을 것이다. 우버는 기술의 발달에 따른 새로운 핵심 성공 요소들을 간파하고, 이를 통해 기존 택시 회사와는 전혀 다른 비즈니스 모델을 만들어 우위를 확보했기 때문이다. 기존 대형 호텔 체인에게는 에어비앤비도 마찬가지 이유로 악몽과 같은 존재일 것이다.

이런 초경쟁 세계에서는 전방만 잘 주시하면서 자신의 고지를 지킨다고 해서 안심할 수 없다. 적은 상하좌우 어디에서건 나타날 수 있기 때문이다. 이런 경우에는 한곳에 머물기보다는 적이 예상할 수 없는 곳으로 먼저 움직이는 것이 성패를 좌우한다.

비단 우버와 에어비앤비뿐만 아니다. 우리가 알지 못하는 사이에 산업의 지형지물을 완전히 바꿀 수 있는 새로운 유형의 기업들이 많이 등장하고 있다. 지금도 어디선가 그런 기업들이 잉태되고 있을 것이다.

그중 한 기업인 쉐어드어스닷컴sharedearth.com에 대해 살펴보자.

> 델은 텍사스 오스틴에 있는 자기 집 뒤뜰에 채소밭을 가꾸길 원했다. 하지만 직접 그렇게 할 시간과 경작기술이 없었다. 그래서 그는 2010년에 크레이그스리스트Craigslist에 다음과 같은 광고를 올렸다. "제가 토지, 씨앗, 물을 제공하겠습니다. 당신은 노동력과 노하우를 제공해 주세요. 우리는 수확물을 50:50으로 나눌 수 있을 겁니다." 얼마 후 텃밭을 가꾸길 좋아하지만 아파트에 살아서 그럴 수 없었던 한 여성이 연락해 왔고, 그렇게 거래가 성사됐다.*

쉐어드어스닷컴의 창업자인 애덤 델은 처음에는 놀고 있는 뒤뜰에서 텃밭이라도 경작해 보려는 의도로 시작했다. 그러나 쉐어드어스닷컴은 이후 땅을 가진 사람과 노동력 및 노하우를 가진 사람의 플랫폼으로 급속하게 성장하게 된다. 지금은 각자의 텃밭에서 생산한 유기농 농

* 『한계비용 제로 사회』, 제레미 리프킨

작물을 가까운 소비자들에게 유통하는 유통업에까지 진출해 있다. 그러면 앞으로 이 순박하기 짝이 없는 쉐어드어스닷컴은 누구의 악몽으로 변할까? 아마 식품산업에 종사하는 어느 대기업의 악몽이 되지 않을까? 두고 볼 일이다.

이렇게 4차 산업의 기적적인 기술들이 점점 진화해 갈수록 세상은 어디서 어떻게 날아드는 돌에 뒤통수를 맞을지 모르는 불확실성에 휩싸이게 된다. 이럴 때 필요한 역량이 바로 '민첩성agility'이다.

애자일 기업의 등장

2018년 전략컨설팅회사인 매킨지는 민첩한 기업에 대한 연구를 실시하였다. 2018년 당시 글로벌 시가 총액 상위 10개 기업 중 7개 기업(애플, 구글, 마이크로소프트, 페이스북, 아마존, 알리바바, 텐센트) 등 성장 가속화로 전통적인 산업과의 격차를 확대시켜 나가고 있는 디지털 기업을 대상으로 민첩한 기업 즉, 애자일 기업은 어떤 특성을 가지고 있는지 밝혀 냈다.

> 이들 디지털 혁신 기업들은 몸담고 있는 산업은 각기 다르지만, 태생적으로 가지고 있는 조직적 구조, 운영방식 및 기업문화상 공통점을 보유하고 있다. 바로 '역동성'과 '안정성'을 고루 갖춘 애자일Agile·기민한 조직이라는 점이다. 이들은 전통적인 피라미드 조직 대신 'Cross-functional다기능'로 협업하는 자율적 Cell소단위 팀 조직을 기반으로, 유

연하게 자원 배분을 조율한다. 또한 완벽하지 않더라도 빠르게 고객에게 상품과 서비스를 제공하여 반복적으로 이를 개선하면서 고객의 피드백을 반영하는 프로세스를 구축하고 있으며, 투명한 정보 공유를 바탕으로 한 협업 구조를 보유하고 있다. 이러한 애자일 조직의 리더들은 '플레잉 코치Playing coach'로, 본인이 전문가로서 업무를 추진하면서 동시에 조직을 조율/지원하는 역할을 수행한다는 점에서 기존 조직의 '관리자형 리더'와는 차별화된다.*

이 연구에서 매킨지는 또한 기존의 기업들이 애자일 기업으로 변혁transformation하기 위해 기업의 프로세스, 구조, 인재, 리더십과 같은 4대 pillar기둥를 민첩한 상태로 바꾸어야 한다고 주장하고 있다.

애자일 관련 전문가들에 따르면, 단순히 몇 가지 기능을 수행하는 프로세스의 속도를 올리고 대규모 투자로 인한 손실을 회피하는 도구나 테크닉 정도로 애자일 방식을 생각하고 도입한다면 기업 전체의 애자일 혁신Agile Transformation은 불가능하다고 한다. 그 이유는 애자일 방식의 본질이, 지금까지 전 세계 기업에 내재되어 있던 산업화 시대의 경영 패러다임, 다시 말해 사고방식 자체를 바꾸는 것이기 때문이다.

가령 천동설이 코페르니쿠스에 의해 지동설로 바뀌었듯이 애자일

---

* 한국기업문화의 근본적인 혁신을 위한 제언, 2018, 대한상공회의소/매킨지

<그림 I-4> 애자일 조직으로의 변화를 위한 4가지 Pillar(기둥)

	From	To
프로세스	전략 기반 정기, 순차적으로 진행되는 체계적 전략기반 실행 프로세스	빠른 실행으로 고객 피드백 즉각 반영하는 시행착오 기반 실행 프로세스
구조	기능별 전문성/효율성이 강조된 기능별 조직	기능통합, 권한위임, 성과 책임을 가지는 자기완결형 소규모 조직
인재	연공, 상대 평가에 기반한 승진/보상을 통한 동기부여	주인의식, 자율성에 기반한 내재적 동기부여
리더십	Top-down 방향을 지시하고 관리하는 관리자 형 리더	직접 뛰며 구성원의 업무를 지원하는 '플레잉 코치' 형 리더

출처: 한국기업문화의 근본적인 혁신을 위한 제언, 2018, 대한상공회의소/매킨지

방식도, '통제를 포기해야 통제가 강해진다.'거나 '리더는 카리스마적 전사보다는 텃밭을 가꾸는 농부가 되어야 한다.'와 같은 마인드셋을 갖추지 못하는 한 프로세스와 조직을 아무리 애자일화한들 전통적 탑다운 관료조직 위에 얄팍하게 분만 바른 가짜 애자일 혁신이 되고 만다는 것을 너무나 많이 목격했기 때문이다.*

그런 맥락에서 보자면, 전통적인 방식으로 운영되는 기업이 애자일 혁신을 하기 위해서 소위 '애자일 마인드셋'을 조직 내에 도입하고 내재

* 『애자일, 민첩하고 유연한 조직의 비밀』, 스티븐 데닝

화시키는 것은 애자일 혁신의 성공을 위해 필수적이라 할 수 있다. 이것은 매킨지가 제시한 4대 기둥 중에서 '인재'와 '리더십'에 해당된다고 할 수 있다.

그러나 애자일 마인드셋을 도입한 후 순차적으로 다른 혁신을 하라는 의미는 아니다. 기본적으로 경영자들을 중심으로 애자일 마인드셋을 교육하고 훈련시키면서 동시에 프로세스, 조직구조 등을 애자일 방식으로 혁신하는 작업을 해야 한다. 그러나 여기서 주의해야 할 것이 있다. 프로세스를 민첩하게 바꾼다는 것이 기업 내에 존재하는 모든 업무 프로세스를 다 민첩하게 바꾼다는 것을 의미하지 않는다. 기업의 프로세스 중에는 민첩하게 바꾸어서 효과를 볼 수 있는 것이 있고, 그렇지 않은 것도 있기 때문이다.

프랑스의 IT 컨설팅 회사인 캡제미니컨설팅Capgemini Consulting의 연구에 따르면, 기업의 모든 프로세스들이 애자일 효익을 누릴 수 있는 것은 아니다. 가장 애자일화가 용이하며 또 효과가 뛰어난 프로세스들은 대부분 고객 접점에 있는 프로세스들이다.

고객 밀착을 통해 혁신적 아이디어를 창출하는 것이 중요하고, 완벽한 답보다 신속하고 단호한 행동이 더 중요한 프런트엔드Front-end 프로세스는 애자일 방식을 통해 목표를 더 빠르고 효율적으로 달성할 가능성이 높다. 그러나 리스크 감소나 회피가 가장 중요하고, 엄격한 징

<그림 I—5> 기업 기능 간 애자일 효과(Agile potential of different department)

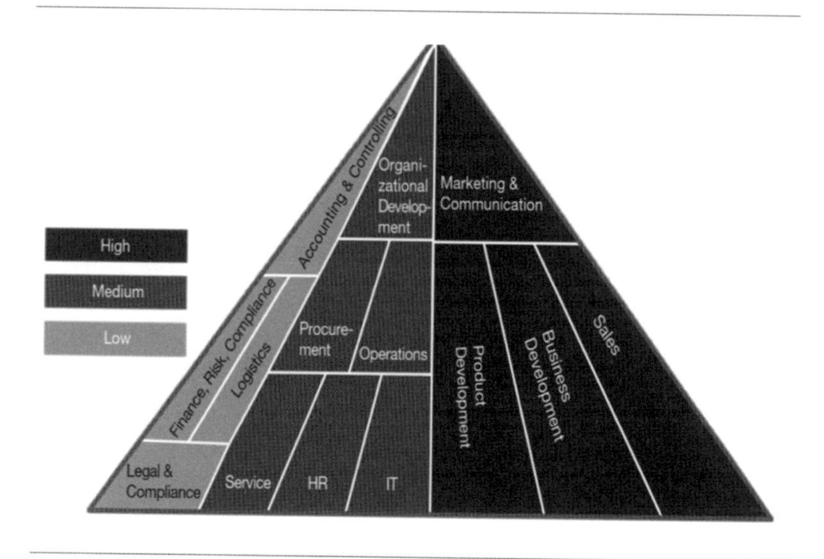

출처: Agile Organization, Capgemini Consulting

책과 지침을 따라야 하는 백엔드Back-end 프로세스는 애자일 방식이 오히려 성과의 저하를 가져올 수 있다. 이러한 연구 결과를 볼 때, 기업이 애자일화되려면 가장 먼저 애자일 방식을 적용해야 하는 프로세스는 바로 마케팅, 영업, 신제품 개발 등이라 할 수 있다.

II

애자일,
마케팅으로
거듭나다

2008년의 어느 날 캐나다의 포크 가수인 데이브 캐롤은 미국 공연을 위해 유나이티드 항공을 탔다. 데이브는 요즘 대부분의 포크 가수가 그렇듯 대중들의 인기를 끄는 가수는 아니었으나 통기타를 치며 부르는 그의 감미로운 포크 송 덕분에 꾸준히 충성스러운 팬 층을 유지하고 있었다. 다음 공연을 위한 에너지를 비축하려고 한잠 푹 자고 일어난 데이브는 맡긴 수하물을 찾다가 끔찍한 일을 목격하게 된다. 자신이 목숨보다 아끼는 기타가 목이 댕강 부러진 채 수하물 컨베이어 벨트에서 빙빙 돌고 있었던 것이다. 가장 아끼는 기타이기도 하지만 무려 3,500달러나 하는 고급 기타인데 말이다. 수리가 가능한지 이리저리 알아보다가 도저히 수리가 어렵다고 판단한 데이브는 유나이티드 항공사에 이런 사실을 통보하고 변상을 요구했다. 그러나 항공사는 24시간 내에 신고한

물품에 대해서만 변상한다는 원칙을 들어서 변상을 거부했다.

그 후 9개월간 지루한 공방을 벌인 데이브는 결국 거대한 항공사를 상대로 아무런 변상도 받을 수 없음을 인정할 수밖에 없었다. 수화물 운송과 보관 중에 부주의로 일어난 파손임을 증명할 수 있는 여러 정황이 있었음에도 항공사는 정해진 룰에 따라 그 어떤 변상이나 사과도 할 수 없다는 원칙을 고수했기 때문이다. 그들은 전혀 유연하지 않았고 민첩하지도 않았다. 단지 자신들의 원칙을 고집스럽게 지키고자 했다.

분이 쌓일 대로 쌓인 데이브는 자신만의 방식으로 합법적 복수를 하기로 하고, 〈United Breaks Guitar〉라는 중독성 있는 노래와 함께 아주 재미있는 뮤직비디오를 만들어 유튜브에 올렸다. 노래의 후렴구에는 지속적으로 "다른 비행기를 타든가 차로 가야 했어, 왜냐하면 유나이티드는 기타를 망가뜨리니까"라는 가사가 나와서 이를 들은 사람들은 자신들도 모르게 같은 가사를 흥얼거리게 된다. 그 이후 결과는 어떻게

<그림 II—1> 유나이티드 항공사에 입은 피해를 노래로 만든 데이브 캐롤

되었을까?

데이브의 뮤직비디오는 유튜브에 올라간 후 그야말로 '대박'을 친다. 노래가 흥을 돋우고 동영상의 내용도 재미있었지만, 끝까지 옹고집을 부리며 고객을 제대로 배려하지 않은 대기업을 꼬집는 것인 만큼 대중들의 호응과 격려를 많이 입은 덕분이기도 했다. 몇 주 뒤에 조회 수는 500만 건을 넘어섰고, 급기야 2009년 12월에는 〈타임〉이 선정한 가장 인기 있는 인터넷 동영상 7위에 랭크됐다.

이쯤 되자 유나이티드 항공사는 자신들이 무슨 실수를 했는지 뼈저리게 깨닫게 되었다. 유나이티드 항공사 고위 임원들의 머릿속에는 하루 종일 "다른 비행기를 타든가 차로 가야 했어, 왜냐하면 유나이티드는 기타를 망가뜨리니까"라는 노래의 후렴구가 들려오는 것 같았다. 그 악몽을 끝내고자 데이브에게 연락을 취했지만 기차는 이미 떠나간 후였다. 부러진 고급 기타의 제조 회사가 이미 데이브에게 같은 기타를 2대나 선물했기 때문이다. 동영상의 인기가 올라가자 기타 업체도 이를 기회로 보고 마케팅에 나선 것이다.

데이브 캐롤은 유나이티드의 때늦은 사과와 변상을 거부하면서 두 가지 조건을 걸었다. 고객 서비스 방침을 바꾸고, 변상금을 자선단체에 기부하라는 것이다. 유나이티드는 그의 요구를 받아들였지만 이미 유나이티드는 승객의 소중한 재산을 망가뜨리고도 자신들의 원칙을 지

키느라 승객의 마음을 배려하지 않는 악덕 기업으로 낙인찍힌 뒤였다. 지금도 유튜브에서는 〈United Breaks Guitar〉 동영상을 자유롭게 볼 수 있으며, 심지어 『United Breaks Guitar— The power of one voice in the age of social media』라는 책도 출간되어 아마존에서 판매되고 있다.

디지털 기술의 발달이 가져온 소셜 네트워크는 정보를 창조하고, 접근하고, 나누는 방식을 변화시킴으로써 사회의 권력 구조까지 바꾸었다. 기업의 입장에서는 불확실성이 더욱 커진 것이다. 이러한 변화를 간파하지 못하고 대기업으로서 갑질을 한 유나이티드 항공사의 편을 들 생각은 조금도 없지만, 소위 상대방의 입장에서 세상을 해석한다는 '내재적 접근'을 통해서 생각해 보면, 유나이티드도 생각지도 못한 불확실성에 의해 엄청난 피해를 입은 것이다.

불확실성이 어떻게 기업을 공격하는지 보여주는 전형적인 사례가 바로 이것이다. 특히 고객과 접점에 있는 마케팅, 영업과 같이 고객 감수성이 높은 프로세스에서는 더더욱 이러한 일들이 자주 발생한다. 기업들 역시 디지털 기술을 활용한 무기를 개발하여 이러한 리스크로부터 자신들을 지키고자 고군분투하고 있다. 결국은 디지털 기술이 불확실성을 유발하고 이에 대응하기 위해 기업들 역시 디지털 기술을 활용하는 공진화적 상황이 전반적인 마케팅 환경에 대변혁을 가져오고 있다.

1

마케팅,
너도 민첩해져야 해!

전통적으로 마케팅은 Big strategy—Big launch—Big budget 방식으로 진행되었다. 가령 대기업에서 야심만만하게 준비한 신규 제품 출시를 상상해 보자. 우선 신규 제품의 마케팅 전략을 꼼꼼하게 수립할 것이다. 값비싼 리서치와 컨설팅 회사를 고용해서 사전 시장조사를 통해 시장 세분화, 목표 고객 설정, 경쟁사 대비 제품 포지셔닝 등의 마케팅 전략을 세우고, 다음에는 더욱 세밀하게 4P에 해당하는 가격Price, 유통Place, 제품 구색Product, 프로모션Promotion 등의 마케팅 전술을 수립한다. 이렇게 신제품의 성공을 위해 수립된 Big Strategy의 기조하에 광고 에이전시들은 제품 론칭과 함께 온오프라인 이벤트와 광고를 기획/디자인하여 제품이 시장에 첫선을 보이는 D—day만을 기다리게 된다.

드디어 D—day, 화려한 이벤트와 함께 신제품이 시장에 선을 보인다. 바로 Big launch인 것이다. 유명 연예인과 모델이 총출동한 오프라인 행사와 동시에 전국적으로 TV, 신문과 주요 온라인 미디어에는 신제품 탄생을 알리는 광고가 시작된다. 이러한 마케팅 전략은 신제품 기획과 함께 동시에 준비된다. 오랜 기간, 가설 수립 및 시장조사를 통한 검증을 거치면서 준비된 것이기에 론칭 이후에도 이러한 전략은 한동안 지속된다. 또 전략과 전술, 광고 등의 기획, 설계에 엄청난 비용Big Budget이 지출되기 때문에 최소한 5~6개월 정도 시장에서 실행해 본 후 성과를 측정하게 된다.

세상이 그럭저럭 미래를 예측해 낼 수 있을 만큼 불확실성이 높지 않던 시절에는 이런 Big Strategy—Big Launch 방식이 잘 먹혔다. 그러나 지금처럼 불확실성이 높아진 상황에서 Big—Big 방식은 리스크가 크다. 시간과 비용을 들여 전략을 만들고 있는 순간에도 시장의 구도가

<그림 II—2> 전통적인 마케팅 전략 수립 및 실행 방식

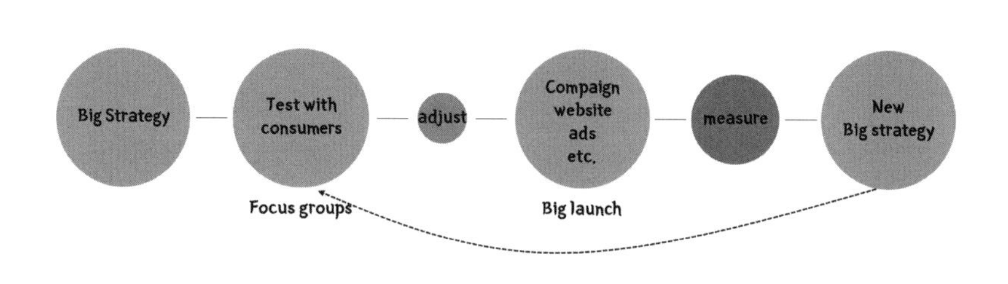

출처: Agile Marketing, Mohan Sawhney, Microsoft Marketing Academy

변하기 때문이다. 3개월 걸려서 만든 마케팅 전략은 1~2개월 전에 시장에서 통했을 그런 전략이 되어 버린다. 그렇게 타이밍을 놓쳐서 실패한 사례는 너무나도 많다.

이제는 마케팅도 민첩해져야 할 필요가 있다. 환경의 변화를 실시간으로 센싱하고, 현시점에서 내디딜 수 있는 다양한 옵션들을 재빨리 탐색하고, 최적의 옵션을 결정하여 실행에 옮기는 역량이 필요하다. 또한 최적(이라 판단한)의 옵션을 실행하는 와중에도 피드백을 반영하여 진로를 변경할 수 있는 역량, 즉 민첩함이 필요하다. 이렇게 민첩함이 극대화된 소위 애자일마케팅Agile Marketing은 다음과 같다.

Big Strategy 대신 Little Strategy를 수립한다. 이것을 다양한 마케팅 캠페인으로 나누어서 신속하고 짧게 실행하고 그 결과를 평가한다. 그리고 이러한 전략 수립—실행의 평가에서 얻은 고객 인사이트 등을 반

<그림 II—3> 애자일마케팅 전략 수립 및 실행 방식

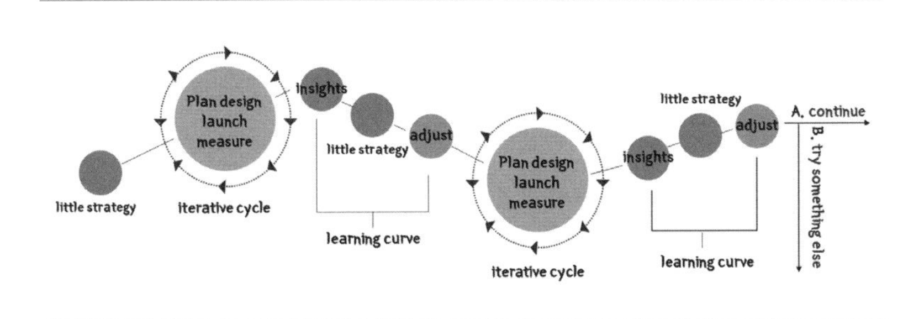

출처: 상동

영하여 다시 마케팅 전략을 수정/보완하고 똑같은 방식으로 실행하는 것이다. 이처럼 '리틀 전략 수립—신속/단기 실행'을 반복적으로 수행하여 시장에서 긍정적인 반응을 얻으면 한동안 지속하고, 반대로 시장에서 원하지 않는 반응을 얻으면 다른 마케팅 캠페인을 해 나가는 것이 애자일마케팅의 방식이다. 작은 전략을 신속/단기 실행하는 이유는 시장의 변화들을 마케팅에 적절히 반영하기 위해서다.

다음 그림에서 보는 것처럼, 전통적인 마케팅 방식은 현재의 관점에서 미래의 명확한 목표를 정해 놓고, 현시점에서 목표까지 직진할 수

<그림 Ⅱ—4> 목표 달성을 위한 전통적 방식과 애자일 방식 비교

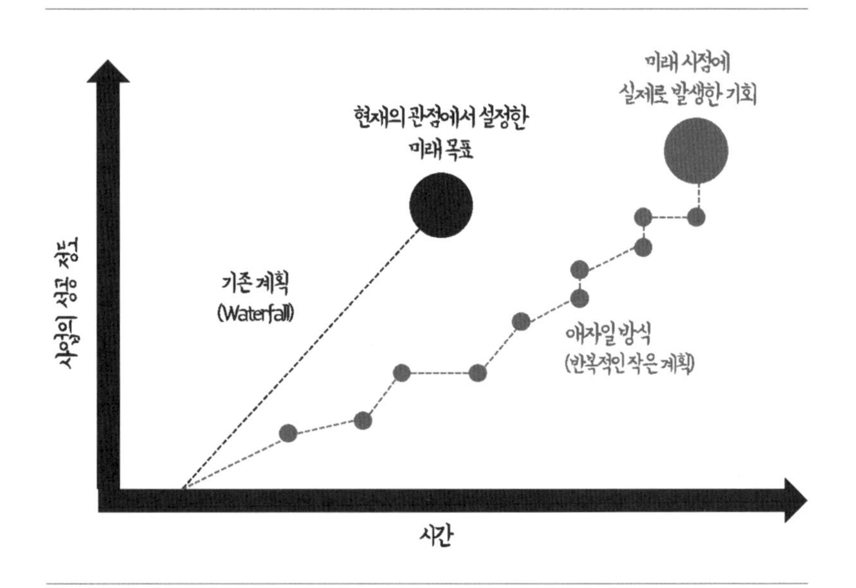

출처: The Journey from Chaos to True Agility, B2B Marketing Exchange

있는 최선의 계획을 세워서 계획대로 실행하는 것이다. 그러나 애자일 방식은 지금 시점에 세운 장기 목표는 불확실성을 내포한 다양한 변수들에 의해 변화할 수 있다는 것을 인정하는 데서부터 시작된다. 오늘 목표를 세웠더라도 내일이면 환경이 변해서 그 목표가 사라지거나 의미가 없는 목표가 될 수 있음을 감안하여, 오늘은 바로 눈앞에 보이는 확실한 작은 목표를 달성하고 그 목표 위에 올라서서 다음 작은 목표를 무엇으로 할지 정하는 것이다.

이는 마치 강을 건널 때 널찍하고 튼튼한 다리를 지어서 강을 건너느냐, 징검다리로 강을 건너느냐 하는 문제와 비슷하다. 전통적인 방식은 강 건너 도착해야 할 목표 지점을 정하고, 현 지점에서 거기까지 다리를 놓을 최선의 계획을 세운 다음, 계획에 따라 다리를 건설하는 것이다. 그리고 다리가 완성되면 건너가면 된다. 환경의 변화가 극심하지 않을 때는 당연히 이 방법이 바람직하다.

그러나 강 주변에 불확실성의 안개가 자욱하게 끼어 있어 처음 정한 목표 지점이 안전한지 위험한지 알 수 없는 상황에서는 당장 눈앞에 보이는 확실한 지점에 징검다리를 하나 놓는 것이 중요하다. 그리고 그 첫 번째 징검다리 돌 위에 서서 그다음 징검다리 돌을 어디에 놓을지 찾아야 한다. 첫 번째 징검다리 돌을 놓는 순간 물살의 방향이 바뀌기 때문에 두 번째 징검다리 돌을 놓을 최적의 자리는 그때가 되어서야 드러나게 된다. 그렇게 '지금/여기'에서 가장 확실한 목표를 하나둘씩

달성해 나가다 보면 어느새 강을 건너게 되고 그때 도착한 그곳이 실제 목표 지점이 되는 것이다.

2

애자일마케팅의 시대를 선언하노라

본래 애자일 방법론은 2001년 17명의 선구자적 소프트웨어 개발자들로부터 시작됐다. 개발 기간이 길고, 경영진의 사전 계획 및 승인을 기반으로 움직이는 워터폴waterfall 방식에 불만이 많던 소프트웨어 개발자들이 미국 유타주의 한적한 스키 리조트에 모여 완전히 새로운 개발 원칙인 '애자일 선언문agile manifesto'을 만들어 발표한 것이다. 막대한 자금을 투자하고 최선을 다하더라도 소비자들의 니즈를 만족시키지 못하는 경우 IT 개발 프로젝트는 실패할 수 있기에, 소프트웨어 개발 과정을 소비자들의 니즈 변화에 민감하게 반응하도록 만들어 실패로 인한 비용을 최소화하자는 방법론이다.

<그림 II—5> 소프트웨어 개발에서 워터폴 방식과 애자일 방식 비교

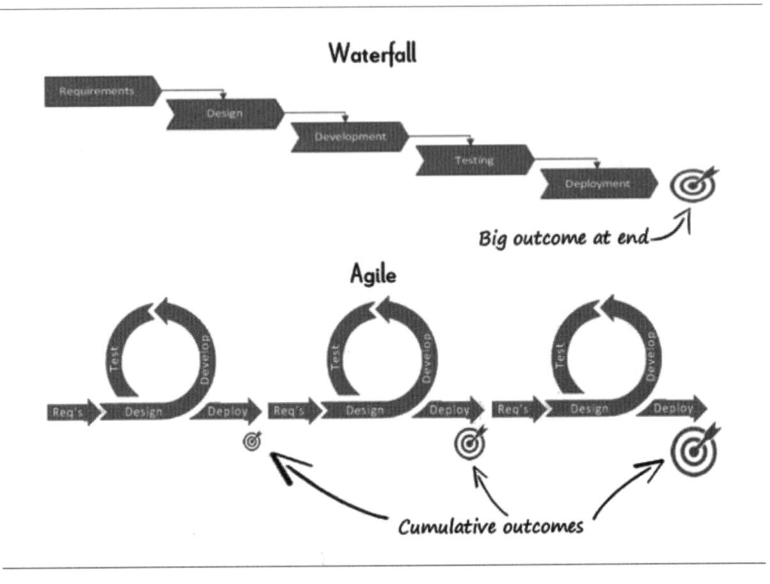

출처: Waterfall vs. Agile, Colona.rsd7.org

그 이후 여러 마케터들이 애자일 방법론을 불확실한 경영 환경 속에서 수행되어야 하는 마케팅에 적용하려고 시도했다. 이런 움직임에 호응하여 2012년 짐 에월 등 여러 마케팅 전문가들이 샌프란시스코에서 열린 'SprintZero'라는 모임에서 여러 마케터들의 의견을 집약하여, 애자일마케팅 선언문Agile Marketing Manifesto을 발표하게 된다. 비록 애자일 마케팅 선언문이 아직까지는 2001년 발표된 소프트웨어 개발자들의 애자일선언문처럼 널리 인정받고 있는 것은 아니지만, 애자일마케팅이 본격적으로 시작되는 데 큰 공헌을 한 것만은 틀림없다.

<그림 II—6> 애자일마케팅 선언문을 만든 마케팅 전문가들

출처: Agile Marketing Manifesto 홈페이지

2012년 SprintZero에서 발표된 애자일마케팅 선언문은 '7대 핵심 가치'와 '10대 원칙'으로 구성되어 있는데, 그중에서도 7대 핵심 가치를 통해 애자일마케팅의 본질을 보다 명확하게 이해할 수 있다.*

① Validated learning over opinions and conventions(주관적 견해와 관행보다 '검증된 학습')

② Customer focused collaboration over silos and hierarchy(사일로와 계층보다 '고객 중심의 협업')

③ Adaptive and iterative campaigns over Big—Bang campaigns(빅

* Agile Marketing Manifesto 홈페이지

뱅 캠페인보다 '적응력 있고 반복적인 캠페인')

④ The process of customer discovery over static prediction(정적인 예측보다 '고객 발견 프로세스')

⑤ Flexible vs. rigid planning(엄격한 계획보다 '유연한 계획')

⑥ Responding to change over following a plan(계획을 단순히 따라가기보다 '변화에 대응하기')

⑦ Many small experiments over a few large bets(크게 베팅하기보다 '작은 실험 많이 하기')

① 학습 vs. 관행: 주관적 견해와 관행보다 **'검증된 학습'**

때로는 훌륭한 베스트프랙티스가 일을 망치는 경우도 있다. 다시 말해서 유명한 외국 회사에서 성공했던 디지털 마케팅 캠페인이 반드시 우리 회사에게도 성공을 보장해주는 것은 아니다. 세계적으로 이름난 회사가 시도해서 성공한 방식이므로 모방하고 싶은 욕구가 생기는 것은 이해하지만, 베스트프랙티스가 만병통치약이라고 생각하면 이렇게 변화가 빠르고 불확실한 경영 환경에서는 큰코다치기 십상이다. 물론 그들의 아이디어를 참조할 수는 있지만 실험을 통해 우리의 잠재 고객에게 가장 적합한 캠페인이 무엇인지 알아내는 것이 성공의 가능성을 보다 높인다. 애자일마케팅은 '빠른 실패를 통한 학습'을 선호한다. 소규모 실험을 통해 목표 달성에 더 적합한 마케팅 방안을 찾아내는 것, 이것이 애자일마케팅이 추구하는 가장 큰 가치이다.

② 협업 vs. 사일로: 사일로와 계층보다 **'고객 중심의 협업'**

사일로silo, 즉 기업의 부서들이 상호 협조 없이 시멘트 공장 사일로처럼 독자적으로 업무를 진행하면 많은 문제들이 생긴다. 비근한 예로 사내에 있는 여러 조직이 각자 독자적으로 고객 대면 콘텐츠를 만들면 고객은 같은 기업을 대상으로 일관적이지 않은 고객 경험을 하게 될 것이다. 애자일마케팅은 이를 방지하기 위해 '고객 중심customer focused'으로 마케팅 관련 조직들이 협업할 것을 촉구한다. 애자일마케팅 팀은 고객의 문제를 해결하기 위해 공동 작업이 가능해야 하며, 내부의 업무 수행 방식 또한 고객 중심의 협업이 가능하도록 충분히 유연해야 한다.

사일로식 조직들은 지식과 노하우의 내부 축적과 저장이 용이하다는 특징이 있다. 그래서 개인이나 특정 그룹이 학습과 시행착오 등을 통해 배운 내용이 다른 조직과 원활하게 공유되지 못하고, 개인이 기업을 떠날 때 지식과 노하우도 함께 유실된다. 이렇게 되면 다른 조직들은 필요한 지식과 노하우를 독자적으로 익혀야 하기 때문에 기업 전체적으로 볼 때 총 학습 기간이 길어진다. 조직 횡단적이고 기능 횡단적인 협업은 지식이나 노하우가 자유롭게 흘러 다니도록 하기 때문에 애자일마케팅은 보다 나은 고객 중심의 마케팅을 위해 이를 중요한 가치로 강조하는 것이다.

③ 적응 vs. 빅뱅: 빅뱅 캠페인보다 **'적응력 있고 반복적인 캠페인'**

빅뱅 캠페인은 앞서 언급했지만, 과거 관행적으로 수행된 기업 마케

팅 방식이다. 수개월에 걸쳐 마케팅 전략을 수립하고 그 계획에 따라 마케팅 캠페인들을 빅뱅식으로 터트리고, 이를 또 수개월간 실행한다. 그러나 빅뱅 캠페인이 효과를 내지 못하면 대응할 수 있는 방법이 마땅히 없었다. 사실 마케팅 전략의 수립과 캠페인 실행의 주기가 길어서 그 주기가 다 끝나기 전에는 캠페인이 효과를 내고 있는지 객관적으로 판단할 수도 없었던 게 현실이다.

불확실한 환경 속에서 이렇게 빅뱅식 캠페인처럼 한 사이클을 다 돌 때까지 깜깜이로 마케팅을 수행하는 것은 리스크가 너무 크다. 그래서 대응책으로 나온 것이 '적응형Adaptive 캠페인'이다. 불확실한 환경에서는 작은 전략으로 시작하고, 신속하게 캠페인을 구현하고, 고객의 반응에서 즉각적으로 통찰력을 얻고, 또다시 전략과 실행을 조정하고 계속 배우는 것이다. 비선형 적응형 접근법이 기존의 선형 빅뱅 캠페인보다 바람직하다는 것이 애자일마케팅이 주장하는 바이다.

적응형 캠페인들은 변화하는 상황에 적응하기 위해 적절하게 조정되는 캠페인의 하위 요소들로 인해 마치 살아 있는 유기체와 같이 진화하는 특징이 있다. 특히 고객과의 상호작용을 통해 환경에 적응해 나간다. 그럼에도 불구하고 적응형 캠페인을 실행하는 데 많은 고정 리소스가 들지는 않는다. 단기간에 많은 것을 배우고 신속하게 많은 작업을 수행할 수 있기 위해 항상 가벼운 상태를 유지하는 것이다.

④ 고객 발견 vs. 정적인 예측: 정적인 예측보다 **'고객 발견 프로세스'**

많은 마케터들이 미래 고객의 행동을 이해하기 위해 지금도 시장조사를 통한 예측에 의존하지만 마케터들이 예측하는 방식으로 행동하지 않는 고객들이 점점 더 늘어나고 있다. 그래서 이제는 고객의 행동을 이해하기 위해 조사를 통한 '예측prediction'보다는 고객과의 접촉을 통한 '발견discovery'이 더욱 중요해지고 있다.

애자일마케팅은 이러한 고객 발견을 더욱 중시한다. 고객들은 뭘 좋아하나? 그들은 어떻게 생각하나? 최근 그들이 가장 좋아하는 주제는 무엇인가? 그들의 가장 큰 걱정은 무엇인가? 이러한 질문들을 고객에게 직접 묻거나 또는 고객의 행동을 직접 관찰함으로써, 고객에 대한 새로운 특성을 지속적으로 발견discover해 나가는 것을 선호한다. 이렇게 하는 것이 상대적으로 오랜 시간이 걸리는 대규모 조사를 통한 예측보다 더 정확하고 시의적절할 것이라고 강조한다. 불확실한 환경에서는 고객의 니즈가 더욱 변덕스럽게 변화하는 만큼 전문가들의 정교한 예측보다는 고객과의 지속적인 소통, 면밀한 관찰 등을 통한 '발견'을 애자일마케팅의 핵심 가치로 삼는 것이다.

⑤ 유연 vs. 엄격: 엄격한 계획보다 **'유연한 계획'**

이 핵심 가치로 인해 종종 애자일마케팅이 마치 무계획을 주장하는 것처럼 오해를 불러 일으킨다. 그러나 불확실한 환경으로 인해 복잡성이 더욱 높아지는 애자일마케팅에서 계획은 반드시 필요하다. 계획이

없다면 애자일마케팅은 실패할 것이다. 하지만 처음부터 끝까지 완벽하게 마무리된 그런 엄격한 계획이 아니라 마치 생활에 필요한 최소한의 빌트인Built-in 가구만 들어가 있는 새 아파트 같은 계획이 필요하다는 것이다. 들어오는 사람의 취향이나 환경의 변화에 따라 각양각색으로 인테리어 할 수 있도록 가능성을 열어 두는 정도의 계획 말이다.

시장 상황이 바뀌거나, 고객 발견을 통해 새로운 데이터가 들어오거나, 경쟁자의 움직임이 바뀌면 바로 적응해서 변경할 수 있도록 유연성 있는 계획이 애자일마케팅에서는 필요하다. 완전히 처음부터 다시 계획을 짤 필요 없이, 당장 직면하고 있는 이슈에 맞추어 계획을 수정하기만 하면 된다. 다시 한번 강조하자면, 애자일마케팅에서도 여전히 계획은 가치가 있지만 엄격한 계획보다 유연한 계획이 선호될 뿐이다.

⑥ 변화 vs. 계획: 계획을 단순히 따라가기보다 **'변화에 대응하기'**

⑤의 핵심 가치와 같은 선상에서 애자일마케팅은 그저 '닥치고' 계획을 따르는 것보다 변화에 대응하는 것을 선호한다. 초기의 로봇 청소기를 보면 쉽게 이해할 수 있다. 중간에 장애물을 만나 더 이상 전진할 수 없을 경우에도 로봇 청소기는 프로그램된 대로 직진만 하려 한다. (물론 요즘은 장애물을 피하고 빈 공간을 찾아가는 보다 스마트한 로봇 청소기가 있다.)

여러 가지 좋지 못한 징후가 보임에도 한번 세운 계획은 초지일관 수행한다는 초심을 유지한 채 그대로 밀고 나가는 마케터들도 로봇 청

소기와 비슷한 운명에 처하게 된다. 항상 환경의 변화를 센싱하고, 변화로 인한 기회와 위협에 대한 대응을 기존 계획에 적절히 반영하는 것이 애자일마케팅이 추구하는 가치 중 하나이다.

⑦ 실험 vs. 베팅: 크게 베팅하기보다 **'작은 실험 많이 하기'**

애자일마케팅이 추구하는 마지막 가치는 대형 프로젝트에 비해 작은 프로젝트를 더 선호한다는 것이다. 앞서 언급했듯이 소규모의 실험적 캠페인을 신속하게 시행함으로써 마케팅의 반복 주기를 더 빨라지게 만들 수 있다. 그뿐만 아니라 소규모의 실험적 캠페인은 투자하는 자원이 상대적으로 적을 것이므로 만약 실패한다 해도 큰 손실을 보지는 않는다. 손실은 적으면서 빠른 학습을 통해 시장의 요구에 더 근접한 마케팅 아이디어를 새롭게 얻을 수도 있다.

크게 베팅을 할 경우 크게 돈을 따거나 혹은 다 잃을 수 있다. 그렇기 때문에 불확실성이 높은 환경에서 큰 베팅은 무모한 시도가 될 가능성이 높다. 그렇다고 애자일마케팅이 무조건 작은 베팅만 하고 큰 베팅은 간이 작아서 못한다는 것이 아니다. 아무리 불확실한 환경이라 해도 빅 캠페인이 필요할 때는 과감하게 해야 한다. 다만 애자일마케팅은 다양한 작은 실험을 통해 빅 캠페인의 성공 가능성을 최대화할 때까지 때時를 기다리는 것이다.

3

애자일마케팅, 어떻게 활용하나?

애자일마케팅을 적용할 수 있는 분야

애자일마케팅은 초기 도입 시 신중해야 한다. 방법론을 익혔다고 해서 아무 영역에나 적용할 수 있는 것이 아니다. 초기 도입에서 작은 성과라도 거두어야 확산이 가능해지기 때문에 애자일마케팅을 도입할 때는 우선 어느 영역에 도입할 것인지, 또 어떤 단계를 거칠 것인지 신중하게 결정해야 한다.

애자일마케팅 선언문 작성에 깊이 관여했던 애자일마케팅 전문가인 짐 에월은 애자일마케팅을 처음 도입할 때, 한두 개 분야를 선택해서 작게 시작하라고 충고한다. 그럼 어떤 분야를 선택하는 것이 좋을까?

다음에 제시하는 3가지 분야가 적당하다고 조언하고 있다.*

첫째, 적당한(올바른) 수준의 위험/보상이 가능한 영역이다.

처음에는 핵심 사업이 아닌 영역이나, 비록 핵심 사업 영역이라 할지라도 사업의 성패가 기업의 전체 성과에 큰 영향을 주지 않는 영역을 선택하는 것이 바람직하다. 다시 말해 실패하더라도 손해가 크지 않고, 성공할 경우에는 개선된 마케팅 효과가 명확하게 나타나는 영역에서부터 시작할 수 있다면 좋을 것이다.

둘째, 새로운 영역 또는 어려움을 겪고 있는 영역이다.

새로운 제품 또는 새로운 비즈니스 투자가 종종 애자일마케팅의 좋은 후보가 될 수 있다. 새로운 영역, 즉 신제품, 신시장, 신규 비즈니스 모델 등에서는 어차피 많은 시행착오와 학습이 있기 마련이다. 그러므로 애자일마케팅의 반복적이고 적응력 있는 방식은 이러한 특성에 더욱 잘 맞을 것이다.

빠르게 배우고 무엇이 효과적인지 아닌지에 따라 어프로치를 바꿀 수 있다면 새로운 영역에서 성공할 가능성이 더 커지게 된다. 마찬가지로 어려움을 겪고 있는 영역에서도 비슷한 효과를 기대할 수 있다. 다시 한번 새로운 실험을 시도하고, 효과가 있는 것과 그렇지 않은 것

* 짐 에월 블로그

을 구분하여 적용함으로써 고전하는 비즈니스를 개선할 수 있을 것이다. 문제 자체가 원천적으로 해결하기 불가능한 경우가 아니라면, 애자일마케팅이 고전을 겪고 있는 비즈니스를 개선하는 데 도움을 줄 수 있다.

셋째, 다기능cross-functional 팀의 가치를 보여줄 수 있는 영역이다.

이 영역은 특히 대기업과 관련이 있다. 필연적으로 대기업에서 이러한 프로세스를 완료하려면 여러 스킬 세트가 필요한데, 대기업의 특성상 다양한 스킬을 가진 부서 간의 우선순위 충돌로 프로세스 속도가 느려지고, 이로 인해 애자일마케팅 도입이 어려워질 수 있다. 이런 이유로 대기업에서는 다기능 팀을 통해 긍정적 효과를 볼 수 있는 마케팅 영역이 있다면 애자일마케팅을 도입해 볼 만하다.

짐 에월이 언급한 3가지 분야는 애자일마케팅을 도입해 적용할 만한 영역인데, 여기서 시행착오를 거쳐 애자일마케팅이 자리를 잡으면 주로 신제품을 론칭하거나 신시장으로 진출할 경우 혹은 기업이나 상품의 리브랜딩rebranding, 온라인 플랫폼을 통한 일반적 Lead generation 등 마케팅 영역 전반으로 넓혀 갈 수 있다.

애자일마케팅이 필요한 이유

이쯤에서 애자일마케팅에 대해 근본적인 질문을 몇 가지 해야 할 것 같

다. 만약 당신이 나름대로 회사에서 성과를 내고 인정을 받고 있는 마케팅 팀장이라면, 왜 굳이 애자일마케팅을 도입해야 하는지 의구심이 들 수 있다. 애자일마케팅에 대해 기업의 마케팅 담당자들이 가질 수 있는 가장 일반적인 의구심 몇 가지를 얘기해 보자.*

① "지금 우리가 하는 방식은 지금껏 우리가 해온 방식이고 별문제 없었습니다."

변화는 어렵다. 반면 현 상태를 유지하는 것은 쉽다. 거대한 전환에 직면했을 때조차 사람들은 보다 쉬운 쪽을 택하려고 한다. 빛의 속도로 정보가 이동하고, 데이터 중심의 지표가 고객들의 눈길을 끄는 재미와 감동을 주는 광고만큼이나 중요한 세상에서, 지금까지 해 온대로 현 상태를 유지하는 것은 더 이상 안전하지도 또 가장 쉬운 방법도 아니다. 실제로 상황을 변화시키기 위해 선제적으로 무언가를 하지 않으면 팀이 직면할 도전은 점점 커지기만 할 뿐이다. 현재의 마케팅이 효과적이라 할지라도 경영 환경에 불확실성이 점점 증폭되는 상황에 처해 있다면 애자일마케팅 도입을 고려해야 할 때이다.

② "애자일이라고요? 그건 IT 팀이나 하는 거 아닌가요? 우리는 마케팅인데…."

애자일 방식이 소프트웨어 엔지니어들에 의해 개발된 만큼 IT 부서

* 'The Complete Guide to Agile Marketing for Creative Teams', Workfront 참조

에서만 도입하는 것으로 생각하는 경향이 있다. 물론 IT 부서도 애자일화될 수 있고 또 그렇게 되어가고 있다. 그러나 이제는 마케팅 부서도 더 이상 기획과 크리에이티브만 하는 부서가 아니다. 가트너는 연구 자료에서 CMO가 CIO보다 IT 투자에 더 많은 비용을 지출할 것이라고 예측한 바 있다.** 실제로 마케팅자동화Marketing Automation, CRM, 고객리스닝플랫폼 등과 같은 기술 덕분에 마케팅은 그 어느 때보다 더 많은 데이터와 이를 처리하고 분석하는 IT를 기반으로 수행되고 있다.

이런 상황이라면 마케팅 부서도 IT 부서 못지않게 애자일 방식을 통해 효과를 볼 수 있다. IT 부서의 개발자가 애자일 방식을 활용하여 소프트웨어의 새로운 기능을 지속적으로 업데이트하고 이를 시장에서 즉각 실험하는 것과 마찬가지로, 마케팅 팀도 작은 콘텐츠를 신속하게 개발하고 신속하게 시장의 반응을 테스트하여 기민하게 업데이트해 나갈 수 있다.

③ "애자일 방식은 마케팅 팀의 창의력을 방해할 텐데요…."

애자일 방식이 너무 구조화되어 있어 마케팅 팀의 핵심적 역량인 창의력을 떨어뜨릴 것이라는 우려가 많다. 마케팅에 아무리 IT 기술이 많이 도입되었다 해도 결국 마케터는 프로그래머가 아니라 크리에이티브creative, 즉 창의적 인재들이다. 그 말은 맞다. 그러나 이 사실을 알 필

** "Everything is Marketing, Everyone Must be Agile", Chiefmartec.com

요가 있다. 한 연구에서 응답자의 87%가 애자일을 채택한 후, 조직의 생산성이 높아졌다고 응답했다.*

마케팅 팀이 크리에이티브한 일에 더 많은 시간을 투자하면 할수록 더 많은 것들을 창조할 수 있다는 것은 입증이 따로 필요 없을 만큼 진리이다. 애자일 방식은 마케팅 팀이 더욱 많은 시간을 크리에이티브한 일에 투자할 수 있도록 쓸데없이 긴 회의 등과 같은 불필요한 시간 소비를 극적으로 줄여줄 수 있다. 결국 애자일마케팅이 팀을 더욱 창의적으로 만들어 줄 수 있다는 것이다.

④ "다 좋은데, 애자일이 너무 복잡해요…."

물론 지금까지 해오던 업무 방식을 폐기하고 새로운 업무 방식을 도입하는 것, 그 자체가 복잡한 일인 것은 맞다. 애자일마케팅을 도입하는 데는 당연히 별도의 노력이 필요하다. 하지만 그럴 만한 가치가 있다. 자신들이 스스로 민첩하다고 생각하는 마케팅 팀이 시장 점유율을 크게 높일 가능성이 그렇지 못한 마케팅 팀에 비해 3배 더 높다**는 조사 결과가 그것에 대한 방증이다.

또 대부분의 마케팅 팀은 IT 팀과 같은 방식으로 애자일에 접근하지 않는다. 가능한 복잡성을 줄이고 마케팅이라는 특성에 맞추어 스크럼

---

* "Agile Trend in Marketing", Infoware Studios

** "Applying Agile Methodology To Marketing Can Pay Dividends: Survey", Forbes

과 같은 애자일 방식을 필요에 맞게 수정할 수 있기 때문이다.

애자일마케팅의 효과

애자일 방식을 제대로 도입하고 운영한다면 빠른 시장 출시에서 고객의 니즈를 실시간 반영하는 제품 및 서비스 제공에 이르기까지 다양한 효과를 볼 수 있다. 이는 비단 애자일마케팅에만 국한된 것은 아니다. 제품 개발이나 신사업 개척 등 다양한 고객 접점 프로세스를 애자일화함으로써 얻을 수 있는 대표적인 혜택Benefits들은 다음과 같다.***

① 시장 진출 속도 향상

애자일 혁신이 가져다주는 가장 대표적인 혜택이 시장 진출 속도의 향상이다. 애자일마케팅 역시 시장 진출 속도를 향상시키는 데 한몫한다. 당연히 비즈니스에서 시간과 타이밍은 중요하다. 불확실한 경영환경이라면 특히나 시장 진출 속도가 느린 기업은 어떤 기회도 확보하기 어려울 것이다.

② 적응 및 대응 속도 향상

4차 산업시대라고 해서 기술만 빠르게 변화하는 것이 아니다. 기술 변화에 따라 고객들 또한 빠르게 변화한다. 어떤 경우에는 고객들이 기

*** 'The Complete Guide to Agile Marketing for Creative Teams', Workfront 참조

술보다 앞서서 변화하기도 한다. 소위 뷰카*한 변화에 더 빨리 적응하고 대응하는 능력은 마케팅 팀에게 중요한 경쟁력이다. 애자일 혁신은 마케팅 팀이 더 빨리 대응하고 적응하도록 이끈다.

③ 생산성 향상

애자일 방식을 도입하면 업무를 더 작고 다루기 쉬운 단위로 나눌 수 있기 때문에 생산성을 높일 수 있다. 쉽게 설명하자면 5,000개의 조각으로 이루어진 퍼즐 전체는 너무 크고 관리하기 어려워서 한 번에 퍼즐의 작은 한구석이나 조각 하나를 맡아 처리하는 것으로 비유할 수 있다. 이렇게 되면 장기적으로 더 높은 생산성을 달성할 수 있다.

④ 업무의 우선순위 유지

불확실한 환경에서는 특히나 가장 우선순위가 높은 작업에 집중하는 것이 중요하다. 이를 통해 기업들이 '사후 대응적'이기보다는 '사전 예방적'인 자세를 유지할 수 있고 시장이나 고객으로부터도 긍정적인 반응을 이끌어낼 수 있다. 우선순위를 유지하는 것은 또한 마케팅 팀 스스로 현시점에서 가장 중요한 있는 일을 하고 있는지 확인하는 데 도움을 줄 것이고, 팀의 가치를 회사 내 다른 팀들에게 더 쉽게 증명할 수 있게 해줄 것이다.

* Volatile(변덕스러워지고), Uncertain(불확실해지고), Complex(복잡해지고), Ambiguous(모호해지는) 4차 산업혁명 이후 경영 환경을 일컫는 신조어

⑤ 보다 고객지향적 마케팅 가능

오늘날의 고객들은 소셜 미디어, 리뷰, 입소문word of mouth 등과 같이 전에는 없었던 수많은 디지털 방식으로 그들의 경험을 다른 사람들과 공유한다. 그러므로 기업이 만들어 내는 산출물 하나하나가 잠재 고객들의 귀에 쉽게 들어가고 품평된다. 이런 환경에서 애자일 방식은 그 무엇이라도 고객의 피드백을 반복적으로 청취하며 조금이라도 더 고객지향적 제품과 아이디어를 세상에 내놓을 수 있도록 해준다. 이를 활용하면 마케팅 팀 역시 보다 고객지향적 캠페인이 가능해진다.

애자일마케팅의 도입 방법

애자일마케팅을 성공적으로 도입하기 위해서는 다음 그림에서 보듯이 애자일마케팅 팀, 애자일마케팅 전략, 애자일마케팅운영 그리고 디지털 기술 활용과 같은 네 가지의 요건을 잘 갖추어야 한다.

① 애자일마케팅 팀

애자일마케팅을 도입할 기업이 처음으로 해야 할 일은 다기능 팀이 함께 일할 수 있는 애자일마케팅 팀을 구성하는 것이다. 일단 팀이 조직되면 기존 마케팅 관련 조직의 리더, 즉 CMOChief Marketing Officer를 비롯한 기타 주요 이해관계자와 협력하여 애자일 팀의 모든 구성원들이 애자일마케팅 팀만이 가지고 있는 목적과 목표에 맞춰 일할 수 있도록 분위기를 조성해야 한다. 이렇게 함으로써 애자일마케팅 팀은 이전의

<그림 Ⅱ—7> 애자일마케팅의 요소

규칙과 규범에서 과감하게 벗어나 그야말로 민첩한 문화를 형성할 수 있게 된다. 예를 들어 다른 기능을 가진 사람들과의 지속적인 협업, 빠른 속도, BAU business as usual에서 벗어나기, 예기치 못한 사건들 대응, 단순함 추구하기, 데이터에 입각한 의견, 책임감 그리고 무엇보다도 항상 고객을 중심에 놓고 의사 결정하기 등이다.

② 애자일마케팅 전략

팀이 구축되면 이제 팀원들은 실전에 뛰어들어 작업을 시작해야 한다. 가장 먼저 해야 하는 애자일마케팅의 실제 작업은, 특정 영역에 대한 분석을 통해 마케팅 관련 인사이트를 끌어 내는 것, 즉 애자일마케팅 전략의 개발이다. 이것이 애자일마케팅을 성공적으로 도입하는 데

필요한 두 번째 요건이다. 마케팅 관련 인사이트는 핵심 혹은 잠재 고객의 구매여정CDJ/Customer Decision Journey 중에 경험하는 애로 사항Painpiont 또는 고객 경험의 품질을 더 향상시킬 수 있는 기회 등을 파악하는 것이다.

이렇게 확인된 기회 또는 문제마다 팀은 고객의 경험을 향상시키는 가설적 방법과 이러한 방법을 테스트할 아이디어를 개발한다. 다시 말해 고객 구매여정상 고객 경험을 향상시켜줄 각 가설적 방법에 대해, 팀은 이를 시장에서 검증할 방법을 설계하고 검증 여부를 측정할 수 있는 핵심 성과 지표KPI를 정의하는 것이다. 이렇게 해서 잠재적인 테스트 리스트가 생성되면 비즈니스에 미치는 영향과 구현 용이성 등의 기준에 따라 우선순위를 결정하고 높은 우선순위가 매겨진 아이디어는 백로그Backlog라고 하는 마케팅 과제 대기열의 상단에 등록되어 즉시 테스트할 준비를 하게 된다.

③ 애자일마케팅 운영

이런 테스트를 스프린트Sprint라고 하는데 여기서부터는 세 번째 요건인 애자일마케팅의 실행 단계이다. 애자일마케팅 팀은 1~4주간의 스프린트를 통해 가설적 방식이 실제로 효과가 있는지 여부를 검증한다. 예를 들어 소매은행이 특정 세그먼트에 대한 콜투액션(CTA/Call to Action/사용자의 반응을 유도하는 행위 혹은 요소, 웹사이트에서 흔히 보는 배너, 버튼, 링크 등이 이런 성격을 가지는 요소)이나 금융상품을 변경해 온라인 대출 신청으로 더 많은

고객을 끌어들일 수 있는지 등을 검증할 수 있다.

실제로 매킨지 컨설팅의 사례에 따르면, 유럽 은행의 애자일마케팅 팀은 모든 금융상품에 대해 이러한 체계적인 테스트를 온라인 매체에서 주간 베이스로 실시하고 결과에 따라 민첩하게 예산을 재분배해 나감으로써 온라인 대출로의 전환율을 10배 이상 끌어올렸다고 한다.

이렇게 스프린트를 실행할 때는 매일 아침마다 약 15분 정도 데일리 스탠드업Daily Stand-up이라는 정례 미팅을 통해 각 팀원이 전날 달성한 성과와 현재 수행할 계획에 대해 공유한다. 이 미팅은 모든 사람들이 동료들에게 매일 약속을 하고 바로 다음 날 보고해야 하기 때문에 말 그대로 민첩성에 대한 책임을 부과하는 강력한 관행이 된다.

④ 디지털 기술 활용

요즘은 모든 업무에서 디지털 기술이 활용된다. 여기서 AI가 보다 활성화되면 마치 지금 우리가 전기를 쓰듯이 AI를 사용하게 될는지도 모를 일이다. 애자일마케팅 역시 디지털 기술을 활용해야 한다. 전략을 수립할 때부터 각 스프린트를 통해 과제들을 실행하고 이에 대한 결과를 신속하게 수집하고 공유하는 모든 프로세스에서 다양한 디지털 기술의 지원이 필요하다. 이처럼 디지털 솔루션들을 활용한다면 애자일마케팅 팀은 고객에 대해 보다 자세히 이해하게 되고, 고객의 니즈에 맞는 캠페인을 디자인하고, 시장 반응을 실시간 업데이트할 수 있게 된

다. 요즘은 수많은 마케팅 관련 디지털 기술 회사들이 다양한 종류의 솔루션들을 제공하고 있어 각 기업에 맞는 솔루션을 선택해서 활용할 수 있다.

이렇게 매 스프린트가 끝날 때에 애자일마케팅 팀은 학습한 교훈을 종합하여 핵심 이해관계자와 공유하게 된다. 스크럼 마스터는 이전 스프린트 결과를 기반으로 우선순위를 재설정하고 다음 스프린트를 준비하게 된다.

III

애자일마케팅 (1) 전략

1

애자일마케팅 전략 수립을 위한 SFC 워크숍

지금부터는 애자일마케팅 성공 요건 중 가장 중요한 애자일마케팅 전략 수립의 구체적인 방안을 알아보자. 애자일마케팅은 시장의 변화를 실시간 반영하여 그때그때 새로운 목표를 찾아 새로운 마케팅 방안을 실행한다. 이러한 애자일마케팅의 구성 요소는 전략과 운영, 애자일 조직과 기술 인프라로 나눌 수 있다. 신속하고 민첩하게 변화를 반영하는 것이 애자일마케팅인 만큼 전략 역시 민첩하게 수립되어 그 지침이 운영 단계로 넘어가야 한다. 그러기 위해서 애자일마케팅 전략 수립 방법은 기존의 마케팅 전략 수립 방법과는 확실하게 달라야 한다.

우선 기간의 문제이다. 기존 마케팅 전략 수립은 최소 몇 주, 최대 몇 개월까지 걸리기도 한다. 전체 시장을 분석하여 세그멘트를 하고 목표

로 할 세그멘트를 정해서 경쟁자와 대비되는 포지션을 정하는 방식, 소위 STP Segmentation-Targeting-Positioning를 제대로 하려면 족히 몇 개월은 소요된다. 그러나 애자일마케팅에서는 이런 식으로 전략을 수립할 수 없다. 시장의 변화에 실시간으로 민첩하게 대응하려면 보다 포커스된 영역에서 핵심적인 포인트를 가지고 신속하게 전략이 수립되어야 한다.

그러다 보니 전략의 품질도 논리적으로 완벽에 완벽을 추구하는 기존 방식과는 다를 수밖에 없다. 비록 가설적 전략이라도 실행이 가능한 정도가 되면 운영 단계로 넘겨서 시장의 반응을 보고 필요한 부분은 다시 수정하자는 주의이다. 전략의 품질보다는 실행의 타이밍을 더욱 중시하는 것이다.

이러한 이유로 애자일마케팅의 전략을 '작은 전략little strategy'이라고 부른다. 전략을 수립할 때도 전문가들이 따로 모여 하는 것이 아니라 관련자들이 함께 워크숍을 하면서 집단지성을 활용하는 경우가 많다. 전략을 직접 실행할 사람들이 전략 수립에도 참여하는 것으로, 과거 전략 수립과 실행에 참여하는 사람이 달라서 수립과 실행 사이에 단절이 발생하는 위험도 크게 줄었다.

애자일마케팅 전략을 수립하는 방식은 애자일마케팅을 실행하는 기업들만큼이나 다양하겠지만, 여기서는 'SFC Scan-Focus-Create 워크숍'이라는 방식을 소개하고자 한다. SFC 워크숍 자체는 핵심 인재들이 기업의

각종 전략적 현안들에 대해 실행력 높은 대안을 찾기 위한 워크숍 방법론으로서 애자일마케팅에만 활용할 수 있는 것은 아니다. 그러나 여기서는 신상품 론칭, 신시장 개척 그리고 온라인플랫폼에서의 일반적인 리드 제너레이션Lead Generation 경우에 유용하게 활용될 수 있도록 애자일마케팅용 SFC 워크숍 프로그램을 소개한다.

우선 SFCScan-Focus-Create 워크숍 개요에 대해 살펴보자. Scan은 말 그대로 시장 환경을 스캐닝하는 것이다. 나무 하나하나를 살펴보기 전에 숲 전체, 즉 빅 픽처를 스캐닝한다는 의미다. 그럼 왜 빅 픽처를 스캐닝하는 것일까? 당연히 핵심 사안들을 찾아내기 위함이다. 핵심 사안은 바로 '레버리지 포인트leverage point'라고 한다.

Scan 단계에서는 가장 먼저 SFC 워크숍에서 해결하고자 하는 마케팅 미션을 확인한다. 애자일마케팅에서 주로 다루는 미션은 신제품 론칭, 신시장 진출, 이커머스 플랫폼의 리드 제너레이션 등 다양하다. 그리고 상황에 따라 더욱 구체화할 수 있다. 전략을 구체화하기 위해서는 미션도 구체화해야 한다. 많은 경우 너무 당연한 교훈들만 언급하고 있어 전략이 교과서 수준에 불과하다는 비판을 받는데, 이는 미션 자체가 추상적이기 때문에 전략도 추상적인 데 원인이 있다. 가능한 전략을 통해 해결해야 할 미션을 구체화해야 전략도 구체성을 띠게 된다.

다음으로는 목표로 하는 고객을 잘 알아야 한다. 그러기 위해 '고객

페르소나'를 개발한다. 페르소나는 과거 정량 데이터 중심으로 도출하던 세그멘테이션segmentation과 달리 고객 개인에 대한 세밀한 프로파일링profiling이다. 여기에는 정량 데이터는 물론이고 정성 데이터를 통한 고객 인사이트, 즉 고객에 대한 니즈, 행동 심리, 인식, 동기 등에 대한 이해도 반영한다.

Focus 단계는 Scan 단계에서 살펴본 '빅 픽처'에서 우리가 집중Focus해야 할 레버리지 포인트를 찾아낸다. 레버리지 포인트를 찾아내어 여기에 집중하는 것은 비단 마케팅뿐만 아니라 모든 전략의 기본이다. 고대 그리스의 철학자이자 물리학자인 아르키메데스는 "충분한 길이의 지렛대만 있으면 지구도 움직일 수 있다."라고 했다지만 정작 힘을 극대화할 수 있는 받침점을 모른다면 수십억 킬로미터가 되는 지렛대가 있어도 다 무용지물일 것이다. 여기서 지렛대를 움직이는 받침점, 그것이 바로 레버리지 포인트이다. 애자일마케팅에서도 레버리지 포인트를 찾아내는 것은 중요하다.

애자일마케팅에서 레버리지 포인트란 고객여정상의 터치포인트Touchpoint별로 존재하는 애로사항Pain point이나 더 나은 개선 기회들이다. 다시 말해 고객이 상품과 서비스 구매를 결정하는 모든 단계에서 각 단계상의 목적을 달성하기 위해 접촉하는 터치포인트에서 고객이 애로를 느끼는 사항들이나 고객에게 좀 더 나은 가치를 제공할 수 있는 기회 등을 말한다. 이런 애로사항이나 개선 기회들에 집중하여 해결책

을 실행한다면 보다 많은 고객들이 고객여정의 각 단계를 쉽게 통과할 수 있게 된다. 예를 들어 우리 브랜드에 대한 인지도를 높이는 단계에서 고객이 상세한 정보를 얻기 위해 온라인 검색이라는 터치포인트를 이용할 때, 어떤 애로가 있는지 혹은 어떤 개선 기회가 있는지 등을 찾아내는 것이다.

이를 위해 Scan에서 도출한 목표 고객 페르소나별로 고객의사결정 여정Customer Decision Journey을 분석해야 한다. 고객이 어떤 의사결정 단계와 경로를 거쳐 우리의 상품과 서비스를 구매하게 되는지, 또 그 이후에 어떻게 우리의 지지자가 되는지 전체 과정을 고객의 관점에서 추적해 들어감으로써 고객여정지도를 그리고, 지도상에서 애로사항과 개선 기회가 있는 핵심 터치포인트들을 도출한다.

마지막으로 Create 단계이다. 여기서는 마케팅의 레버리지 포인트를 어떻게 활용할 것인지에 대한 실행 가능한actionable 아이디어들을 그야말로 '창조create'한다. 이를 통해 애자일마케팅 운영 단계에서 실행할 다양한 과제들이 탄생한다. 애자일마케팅에서는 이러한 전략적 아이디어를 '고객스토리customer story'라는 형태로 만들어 낸다. 즉 터치포인트상의 장애를 해결하고 기회를 구현하기 위한 다양한 액션 아이디어들은 고객스토리 형태로 창조되고, 이들을 관련성이 높은 것들끼리 묶어서 '마케팅 백로그Backlog'에 저장한다. 마케팅 백로그란 마케팅에서 수행해야 할 여러 과제들을 저장해 두는 곳이라고 보면 된다.

이렇게 정리된 '마케팅 백로그'는 애자일마케팅 운영 단계의 '스프린트 플래닝 미팅'으로 넘어가서 '계획—설계—론칭—측정'이라는 사이클을 돌면서 실행할 과제들을 선별해서 '애자일마케팅 캔버스'에 정리한다. 마케팅 백로그는 정지된 것이 아니라, SFC 워크숍을 통해 새로운 little strategy가 만들어지면 늘 수정/보완된다.

<그림 III—1> SFC 워크숍 개요

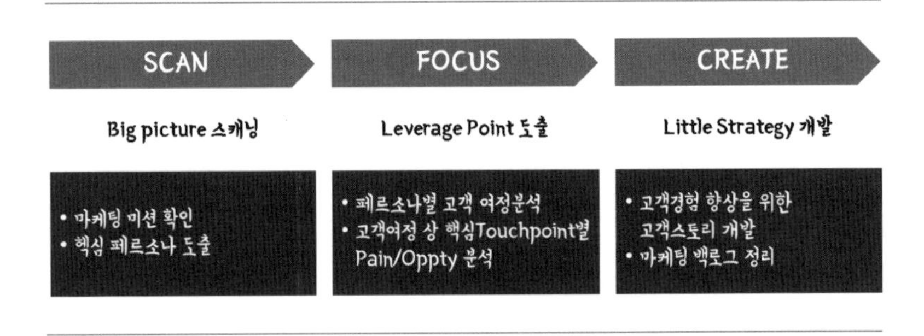

그림을 보면서 SFC 워크숍에서 다루는 다양한 항목들에 대해 정리해보자.

① Scan에서는 전체의 큰 그림을 쭉 훑어본다고 생각하면 된다. 세부적으로 마케팅 미션을 확인하고, 핵심 고객의 페르소나를 도출한다.

② Focus에서는 말 그대로 집중해야 할 레버리지 포인트를 찾는다. 고객의 구매여정을 분석하고 핵심 터치포인트를 찾아서 애로 혹은 기회 사항들을 찾아낸다.

③ Create에서는 각 핵심 터치포인트상에서 고객 경험을 향상시키기 위한 작은 전략들을 고객스토리 형태로 개발하고 이를 마케팅 백로그에 저장한다.

SFC 워크숍은 2~3일 정도 이해관계자들이 함께 모여 집단지성을 발휘함으로써 소기의 목적을 달성할 수 있다. 물론 워크숍을 설계하고 진행할 유능한 SFC 퍼실리테이터가 반드시 필요하다.

애자일마케팅용 SFC 워크숍을 설계하고 진행할 SFC 퍼실리테이터는 단순히 퍼실리테이팅 기법만 숙달한 사람이어서는 안 된다. 애자일 방식과 마케팅에도 상당한 지식과 경험이 있어야 한다. 사실 Scan–Focus–Create는 문제를 해결하는 데 있어 매우 상식적인 수준의 사고 프로세스일 뿐이다. 그러므로 SFC 퍼실리테이터는 워크숍을 통해 해결할 문제가 어떤 유형인지를 파악하고 Scan–Focus–Create 각 단계에서 지향하는 바에 따라 각 액티비티들이 어떻게 유기적으로 연결되어 최종 해결방안을 만들어 낼 것인가를 고려할 줄 알아야 한다. 그리고 각 단계마다 순서와 시간 등을 고려하여 구체적인 액티비티들을 배치해야 한다. 그다음에 주제와 관련된 다양한 질문과 퍼실리테이팅 기법들을 동원하여 각 단계마다 참가자들이 집단지성을 발휘할 수 있도록 촉매제와 같은 역할을 해야 한다.

애자일마케팅을 위한 SFC 워크숍은 적어도 1~2주간의 준비 기간이

필요하다. 문제 유형에 따라 4주 정도의 준비 기간이 필요하기도 하지만 그 이상 준비하는 것은 SFC 워크숍이 지향하는 민첩성에 어긋나는 것이므로 바람직하지 않다. 그럼 1~2주 동안 무엇을 준비할까? 통상적으로 SFC 워크숍을 준비하고 실행하기 위해 퍼실리테이터는 다음과 같은 순서에 따른다.

① 퍼실리테이터는 우선 워크숍의 주제를 확인하고, 핵심 이해관계자들과의 심층 인터뷰를 통하여 주제를 더욱 구체화시키는 동시에 참석자들을 선정한다.

② 주제를 구체화하기 위해 필요한 조사나 분석 등을 실행한다. 가령 Scan 단계에서 핵심 페르소나를 도출하기 위해 사전에 확보 가능한 자료들을 조사하고 이를 워크숍 자료에 반영하는 것 등이 포함된다.

③ 워크숍의 주제, 참석자, 수집된 자료 등을 고려하여 상세한 SFC 액티비티를 설계한다. 통상 애자일마케팅에서 신제품 론칭, 신시장 진출, 온라인 리드 제너레이션 등의 경우에는 〈그림 III－1〉에 제시된 액티비티를 활용할 수 있지만 다른 주제에 대해서는 퍼실리테이터의 판단에 따라 변형이 가능하다.

④ 각 액티비티를 수행하는 데 있어 핵심적인 질문을 도출하고 도움이 될 만한 퍼실리테이팅 기법들을 선정한다. 여기서는 '질문' 도출이 중요하다. 질문에 답을 하는 동안 참석자들이 스스로 해결책을 찾아갈 수 있도록 소위 '소크라테스식 문답법'이 가능하도록 질

문은 전문적이면서도 논리적이어야 한다. 실제 워크숍이 진행되면 미리 준비하지 않았던 새로운 질문들이 떠오를 수도 있다. 그러나 중요한 것은 퍼실리테이터는 질문만을 해야지, 답을 제시하거나 유도해서는 안 된다.

⑤ 설계된 SFC 워크숍 프로그램을 자체적으로 리허설하고 미처 고려하지 못한 부분을 보강한다. 참석자의 관점에서 리허설을 하다 보면 쉽게 의견을 낼 수 없는 부분이나 적절치 않은 퍼실리테이팅 기법 등을 찾아낼 수 있다.

이제 애자일마케팅용 SFC 워크숍의 주요 액티비티에 해당하는 ① 핵심 페르소나 도출, ② 고객의사결정여정 분석, ③ 핵심 터치포인트 도출, ④ 고객스토리 개발, ⑤ 마케팅 백로그의 수정/보완 등에 대해 상세히 알아보자.

2

고객이 쓴 가면, 페르소나persona

이번에는 애자일마케팅 전략을 세우기 위한 SFC 워크숍의 Scan 단계에서 고객의 페르소나 도출에 대해 알아보자. 페르소나가 무엇인지, 또 어떻게 만드는 것인지 알아볼 것이다.

"마케팅은 연애와 같아요." 마케팅 전문가가 어떤 강의에서 전한 말이다. 100% 공감하는 바이다. 연애를 잘하는 사람은 센스가 있다. 마케팅도 센스가 필요하다. 센스 있다는 건 무엇일까? 다양한 요인들이 있겠지만, 분위기를 잘 파악하는 것이 가장 중요하다. 여기서 말하는 센스와 분위기는 '상대방의 취향을 잘 파악하고 이에 맞춰 행동함'이라고 정의 내릴 수 있다. 평소 상대방의 습관을 파악해 현재 의중을 짐작하고 그에 맞게 행동하는 것이 센스다.

상대방을 파악하기 위해선 상대방에 대해 배워야 한다. 적절한 질문과 꼼꼼한 경청을 바탕으로 상대방에게 제대로 된 반응을 전달해야 한다. 가령 상대방이 무심결에 좋아한다고 했던 물건을 기억해 선물하거나 상대방의 입맛을 배려해 식당을 고르는 등의 행동들은 모두 관찰 및 경청 등 상대방에 대한 배려가 있어야만 나올 수 있다. 고객을 정의하고 파악하고 그에 맞춰 알맞은 마케팅 전략을 세우려면 센스 없이는 힘들다.

세상엔 정말 다양한 사람들이 살아가고 있다. 길거리를 십 분 정도만 걸어 봐도 아저씨, 아줌마, 할머니, 할아버지, 학생, 뚱뚱한 사람, 마른 사람 등 셀 수 없이 많은 '다름'이 있다. 고객도 마찬가지다. 가지각색의 특성과 취향의 고객이 존재한다. 막연히 파악하기엔 실체가 없다. 난감하기 그지없다. 하물며 회사의 제품 및 서비스를 구매할 적절한 고객을 어떻게 정의 내릴까?

이럴 때 필요한 게 바로 '페르소나Persona'다. 페르소나는 원래 그리스 고대극에서 배우들이 쓰던 가면을 일컫는다. 우리나라로 치면 '탈'이라고 할 수 있다. 그러나 페르소나는 프로이트와 쌍벽을 이루는 스위스 심리학자 칼 융에 의해 심리학적 용어로 재등장한다. 칼 융은 자신의 논문에서 타인에게 비치는 외적 성격을 나타내는 용어로 '페르소나'라는 단어를 쓰게 된다. 그는 인간이 천 개의 페르소나(사회적 가면)를 지니고 있어서 상황에 따라 적절한 페르소나를 쓰고 관계를 이루어 간다고

주장한다.

한동안 심리학적 용어이던 페르소나는 현대에 이르러 목표 고객을 보다 심층적으로 이해하기 위한 방법으로 탈바꿈하게 되었다. 마케팅에서 새롭게 차용된 페르소나의 마케팅 관점의 정의는 다음과 같다.

> 페르소나는 어떤 제품 혹은 서비스를 개발하기 위하여 시장과 환경 그리고 사용자들을 이해하기 위해 사용되는데 어떤 특정한 상황과 환경 속에서 어떤 전형적인 인물이 어떻게 행동할 것인가에 대한 예측을 위해 실제 사용자 자료를 바탕으로 개인의 개성을 부여하여 만들어진다. 페르소나는 가상의 인물을 묘사하고 그 인물의 배경과 환경 등을 설명하는 문서로 꾸며지는데 가상의 이름, 목표, 평소에 느끼는 불편함, 그 인물이 가지는 필요 니즈 등으로 구성된다. 소프트웨어 개발, 가전제품 개발, 인터랙션 디자인 개발 등의 분야에서 사용자 연구의 한 방법과 마케팅 전략 수립을 위한 자료로 많이 이용되고 있다.*

과거에는 몇 가지 인구통계적 특성을 기준으로 시장을 분류하여 세그멘트segment로 나누고 각 세그멘트에서는 통계상 평균적 고객을 설정하여 마케팅을 하였다. 그런데 지금은 왜 페르소나를 만들어야 하는

* 위키백과

것일까?

이것 역시 디지털 기술의 발달과 깊은 관련이 있다. 디지털 시대에 많은 고객들이 온라인에서 활동하면서 수많은 개인 정보, 즉 데이터들을 온라인에 남기고 기업들은 데이터 분석 기술을 활용해 개인별 마케팅까지 가능해지는 상황이다. 이렇게 마케팅 관련 디지털 기술이 발달하고 있을 뿐만 아니라 B2B, B2C 할 것 없이 고객들의 구매 패턴 역시 오프라인 매장에서 온라인 플랫폼으로 이동하고 있다. 게다가 오프라인 매장에서 구매하는 고객일지라도 구매 전 검색은 온라인에서 하기 때문에 마케팅에서 온라인, 디지털 기술 등의 영향력은 시간이 갈수록 커지고 있다. 이런 변화들로 인해 과거 전통적인 마케팅 방식인 STP, 즉 세그멘트Segment, 타기팅Targeting, 포지셔닝Positioning을 통해 실제로는 존재하지도 않는 인구통계적 평균치의 고객을 타깃으로 하는 마케팅 캠페인보다는 존재할 개연성이 높은 페르소나를 대상으로 하는 마케팅 캠페인이 더욱 효과를 내고 있다. 요약하자면 마케팅 기술의 발달로 인해, 세그멘트화된 시장의 평균치 고객에서 페르소나로의 변화가 이루어진 것이다.

그렇다면 고무장갑을 파는 '만능손'이라는 가상의 회사를 예로 들어 페르소나를 설명해보자. 주로 고무장갑을 구매하는 이들은 누구일까? 주부, 1인 가구, 식당 오너 등 다양한 인물이 떠오를 것이다. 이에 맞춰 각각의 행동 특성을 고려해보자. 어느 마트에서 혹은 어느 인터넷 채

널에서 생필품을 구매하는지? 어떤 브랜드를 애용하는지? 그렇다면 왜 그 브랜드를 좋아하는지? 고무장갑 구매 주기는 어떻게 되는지? 등을 리서치를 통해 파악하는 것이다. 리서치는 오프라인 매장에서 관찰, 인터뷰 등과 온라인상에 남겨진 다양한 데이터들을 활용해서 할 수 있다.

그렇게 해서 만들어진 페르소나 ① 절약왕 박 주부. 절약왕 박 주부는 평소 집 앞에 있는 땡땡마트를 다닌다. 하지만 최근 아들이 알려준 오픈 마켓이 워낙 저렴해 오픈 마켓을 점점 더 많이 애용한다. 고무장갑은 주방에서도 쓰지만 화장실 청소에도 쓴다. 생필품을 구매할 때는 질보다는 가격을 더 많이 고려하는 편이다.

이렇게 페르소나는 인구통계, 행동 패턴, 동기 및 목표 등 실제 데이터를 기반으로 고객에 대해 일부 선별된 추측을 통해 만들어진 이상적인 고객에 대한 반가상semi-fiction의 프로필이라 할 수 있다. 마케터들은 페르소나를 설정함으로써 실제 사용자에게 개성을 부여해 보다 더 친근감 있고 효과적인 마케팅 전략을 펼칠 수 있다. 또한 페르소나별로 알맞은 '스토리텔링'을 기획할 수 있다.

만능손 회사의 마케터들은 절약왕 박 주부의 특성에 맞춰 적절한 콘텐츠를 제공해야 한다. 박 주부에게 만능손 고무장갑의 질을 앞세우기보다 2+1 등 가격을 앞세운 콘텐츠를 선보이는 것이 더욱 효과적일 것이다. 이것이 바로 콘텍스트context/문맥를 파악하는 것이다. 이무리 좋은

콘텐츠라도 콘텍스트에 어긋나면 "쇠귀에 경 읽기"가 되어 버린다.

페르소나의 개수는 정해진 것이 아니고 사업의 특성에 따라 1~2개에서 많게는 10~20개도 가능하다. 그렇지만 마케팅에 페르소나를 처음 활용할 경우라면 적은 수의 페르소나로 시작하는 것이 좋다. 페르소나는 필요할 때마다 수시로 더 개발할 수 있기 때문에 처음에는 가장 핵심적인 고객의 페르소나 1~2개를 정밀하게 개발하여 활용하는 것이 바람직하다.

목표 고객에 대한 페르소나만 있는 것은 아니다. 목표로 하지 않을, 즉 응대하지 말아야 하는 고객에 대한 페르소나도 만들 수 있다. 이를 네거티브 페르소나Negative Personas라고 한다. 목표 고객 페르소나가 이상적인 고객을 대표한다면 네거티브 페르소나는 원하지 않는 유형의 고객을 나타내는데 이것도 마케팅에 유용하다.

예를 들어 제품이나 서비스에 대해 너무 앞서가는 전문가, 연구/지식 확보를 위해 콘텐츠에만 참여하는 학생 또는 확보 비용이 너무 많이 드는 잠재 고객(낮은 평균 판매 가격, 잦은 브랜드 스위칭 경향, 혹은 재구매의 가능성이 별로 없는 고객) 등은 가능한 한 멀리하고 싶은 유형의 고객일 것이다. 네거티브 페르소나를 만드는 데 다소 시간이 걸리더라도, 전체 고객 중에서 '나쁜 사과'를 구별하여 제거할 수 있다는 장점을 무시하지 못한다. 소위 '나쁜 사과'를 골라낼 수 있다면 고객당 비용을 낮추고, 높은 영업 생

산성을 달성할 수 있기 때문이다.

페르소나, 어떻게 도출하는가?

기업에서 페르소나를 만들 때, 마케터들이 명심해야 할 3가지 원칙이 있다.

첫째, 사소해 보여도 세부 사항이 대단히 중요하다. 그러므로 회사의 이상적인 소비자customer, 혹은 고객client들에 대한 페르소나를 연구하고 개발할 때는 그들이 누구인지에 대한 사소한 모든 것을 철저히 조사해야 한다. 그저 그럴듯한 상상과 추측만으로 서술하는 페르소나는 그야말로 '그럴듯해' 보여도 마케팅 도구로서 효과를 발휘하기 어렵다.

둘째, 비록 고객에 대한 세부 사항을 반영해야 한다고 해도 페르소나를 만들기 전에 모든 질문에 대한 답을 다 가지고 시작할 필요는 없다. 당장 손에 들고 있는 것부터 시작하여 페르소나를 만들면 된다. 보다 좋은 페르소나를 위해서는 사소하고 세부적인 사항이 필요한 것은 사실이지만 언제나 그런 완벽한 정보들이 갖춰져 있는 것은 아니기 때문에 당장은 현재 구할 수 있는 것으로 시작해야 한다. 모든 것을 다 갖추고 시작하려면 시간이 많이 걸리기 때문이다.

셋째, 페르소나가 항상 '완성'되어 있을 필요는 없다. 필요에 따라 페

르소나를 반복적으로 수정하고 보완할 수 있다. 그러면서 사소하지만 세부적인 사항들이 점점 더 추가되어 더욱 '나은better' 페르소나가 되어 가는 것이다.

이 세 가지 사항들은 서로 연결되어 있다. 다시 말해 목표 고객에 대한 페르소나는 세부적일수록 좋으나 그렇다고 완벽한 정보가 수집되기 전까지 기다릴 필요는 없다. 당장은 부족해도 자료와 관련 인력들의 경험 등을 활용해서 만들고, 차차 다듬어 가면 된다.

그렇다면 이런 원칙을 토대로 페르소나를 어떻게 만들 수 있는지 구체적으로 알아보자. 가장 먼저 해야 할 일은 페르소나를 개발하기 위해 필요한 질문을 정의하는 것이다. 각 산업의 특성이나 페르소나를 만드는 목적에 따라 질문 내용이 달라지므로 이러한 점을 고려하여 적절한 질문을 도출해야 한다.

다음 그림은 B2B 산업에서 통상적으로 활용하는 페르소나 프로필을 만들기 위한 질문서이다. B2B 산업이므로 고객이 속한 기업, 그 속에서 고객의 역할, 목표, 도전 등을 파악하기도 하지만 더불어 고객의 개인적인 배경이나 선호도와 같은 것도 파악하여 고객을 그저 통계상으로 평균적 인물이 아니라 개성을 가진 개별 인간으로 파악하려고 해야 한다.

<그림 III—2> 페르소나 체크리스트 사례(B2B)

페르소나 세부항목	상세 질문
역할	• 당신의 직업은 무엇입니까? 직장/가정에서의 타이틀은? • 당신의 역할은 어떻게 측정됩니까? • 당신의 평범한 하루는 어떻습니까? • 역할을 수행하기 위해 어떤 스킬들이 필요합니까? • 역할을 수행하기 위해 어떤 지식과 도구들을 활용합니까? • 누구에게 보고하고 누구의 보고를 받습니까?
회사/조직	• 당신 회사는 어떤 산업에 속해 있으며 당신의 역할은 무엇입니까? • 당신 회사의 규모는 어떻습니까?(매출, 종업원 수 등)
목표	• 당신은 무엇을 책임지고 있습니까? • 어떻게 해야 당신의 역할을 성공적으로 수행할 수 있습니까?
도전	• 당신에게 있어 가장 큰 도전은 무엇입니까?
Watering Hole(SNS 등 모임)	• 일에 필요한 새로운 정보를 어떻게 배우십니까? • 어떤 출판물 또는 블로그를 구독하십니까? • 어떤 모임이나 소셜 네트워크에 속해 있으십니까?
개인적 배경	• 나이, 가족(결혼 여부, 자녀 등), 교육
쇼핑 선호	• 상점과 어떻게 접촉하는 것을 선호합니까?(이메일, 전화, 직접 방문) • 상점이나 상품을 고를 때 인터넷을 활용합니까? 만약 그렇다면 어떻게 관련 정보를 서치 합니까?

출처: Hubspot

페르소나를 개발하기 위해 필요한 질문지를 만들고 나면 이제는 어떻게 답을 얻을 것인지를 하나하나 결정한다. 기존 고객들을 직접 인터뷰하거나 광범위한 서베이를 통해서 답을 얻을 수도 있을 것이다. 기업 내 영업이나 마케팅처럼 고객 접점에서 매일 고객과 대면하는 동료들을 통해서도 답을 얻을 수 있다. 이처럼 정보를 얻는 방법은 다양하지만 명심할 것은 당장 가능한 것들에서부터 시작하는 것이다. 어렵고

돈이 드는 방법을 통하면 소중한 정보를 얻을 수 있지만, 그것이 없더라도 일단 시작은 할 수 있다. 나무를 타고 올라가서 높은 곳에 있는 잘 익은 사과를 따기 전에 손을 뻗어 딸 수 있는 적당한 사과부터 먼저 따는 것이 현명하다.

어느 정도 정보가 모이게 되면 이것들을 종합하는 작업이 중요하다. 한곳에 모든 데이터를 모아 놓고 통합해서 보면 따로 볼 때는 보이지 않는 추세를 파악할 수 있기 때문이다. 그런데 이렇게 하려면 여러 경로를 통해서 들어온 정보들을 단순 플러스(+)적 취합이 아닌 통찰적 통합을 할 수 있는 역량이 필요하다. 이러한 통찰력은 개인이 혼자서 하기보다는 집단지성을 활용할 때 발휘될 가능성이 높다. 그래서 페르소나를 만들어 내는 마지막 단계에서는 핵심 인력들이 함께 모여 워크숍을 진행하는 경우가 많다. 여러 사람들이 각자의 관점에서 아이디어를 내더라도 최종적으로 하나의 공감된 페르소나가 필요하기 때문에 다음과 같은 네 가지 원칙에 의거하여 페르소나를 만들어야 한다.

첫째, 행동에 대한 동기에 초점을 맞춘다.

누군가가 하고 있는 일뿐만 아니라 왜 그 일을 하는지 주의를 기울여야 한다. 고객에 대한 다양한 정보들을 리뷰하고 개인적 특성들을 도출할 때는 그들이 지향하는 목표도 중요하지만 그 목표에 도달하려고 하는 근본적인 이유, 목표와 행동의 배후에 숨겨져 있는 동기motive를 알아야 한다.

둘째, 페르소나는 가상적인 것이지만 지극히 현실적이어야 한다.

페르소나는 모든 고객들의 보편적이고 평균적인 특성들을 모아 놓은 것이 아니다. 그렇다고 실재로 존재하는 1~2명의 고객 특성을 서술하는 것도 아니다. 페르소나는 반가상적semi-fictional 인물이다. 분명 존재하지 않는 사람이지만 매우 현실적인 특성을 제시해야 한다.

셋째, 핵심primary 페르소나를 선택한다.

페르소나는 여러 개가 만들어질 수 있다. 그중 하나를 '핵심'으로 지정하고 나머지는 보조로 설정한다. 우선 '핵심' 페르소나를 타깃으로 정해 다양한 마케팅 활동을 하고 필요 시 다음 페르소나로 이동한다.

넷째, 페르소나는 스토리 형태로 서술한다.

페르소나를 가진 사람들을 상정하고 그들에 대한 팩트를 열거하는 방식으로 페르소나를 작성해서는 안 된다. 그러한 팩트를 조합하고 활용하여 스토리 형태로 표현해야 한다. 스토리는 페르소나로 대표되는 가상 인물에 대해 더 깊은 이해와 그들이 특정 행위를 하게 되는 맥락context을 제공해 줄 수 있기 때문이다.

이러한 네 가지 원칙을 기반으로 해서 각자 관련 정보들을 활용하여 페르소나를 작성할 수 있다. 다음에 제시된 사례와 같이 사전에 필요한 '페르소나 구성 항목' 등을 미리 상정해 두면 더욱 편리하게 작성할 수 있다. 스토리 형태의 페르소나에는 반드시 기본적인 '직업 및 인구통계

정보'는 들어가야 한다. 또 그들의 평범한 하루 일상이 어떻게 진행되는지에 대한 스토리, 그런 와중에 그들이 겪게 되는 도전과 장애 요인, 또 그들이 자신에게 필요한 해결 방안을 얻기 위해 필요한 정보들은 어디서 획득하는지, 제품 및 서비스에 대해 어떤 견해를 가지는지 등이 스토리의 기본 골격이 되어야 한다.

<그림 Ⅲ—3> 페르소나 사례(B2B)

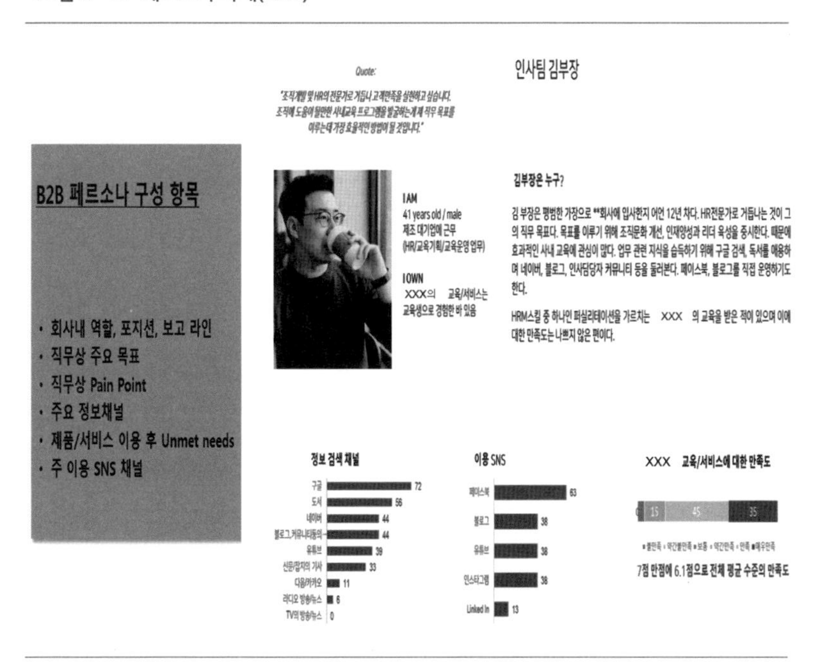

출처: 퍼포마스(Performars) 제안서

3

멀고도 험한 여행길, 고객의사결정여정Customer Decision Journey

고객들이 기업의 제품이나 서비스를 구매할 때 '여행'을 한다? 언뜻 들어서는 이해가 되지 않지만, 곰곰이 생각해보면 사실이다. 구매 전, 구매 그리고 구매 후 이렇게 세 가지로 나누어지는 단계마다 고객들은 기업의 브랜드와 상호작용을 하면서 뭔가를 경험하게 된다. 그러한 경험을 통해 고객들은 그 브랜드에 대해 알게 되고, 좋아하게 되고, 직접 체험하게 되고, 다른 사람들에게 권유하게 된다. 이런 전체 과정을 '고객의사결정여정CDJ/Customer Decision Journey'이라고 한다. 최근에는 CEJCustomer Experience Journey라고 해서 '고객경험여정'이라고도 한다.

이러한 고객여정을 파악하게 되면 고객의 관점에서 느끼는 특정 브랜드에 대한 경험이 무엇인지 알 수 있고 더불어 고객의 선택에 영향을

미치는 중요한 순간, 즉 '진실의 순간moment of truth'들이 언제인지도 알 수 있게 된다. 그뿐만 아니라 고객들이 어떤 경로를 통해 브랜드와 접촉하는지, 소위 터치포인트touchpoint도 알 수 있다.

디지털 기술이 마케팅에 활용되기 전에도 소비자가 구매라는 결정을 하기까지 '과정'은 있었다. 그러나 그것은 '여정Journey'이라기보다는 '깔때기funnel'로 이해되어 왔다. 다시 말해서 처음 소비자들의 머릿속에 떠오른 수많은 잠재적 브랜드에서 시작해 다음 그림과 같이 깔때기를 통해서 소비자들이 그 잠재적 브랜드의 수를 줄여 나감으로써 최종적으로 특정 브랜드를 선택한다고 가정하였다. 그래서 마케팅이란 기업의 브랜드가 그 통로의 마지막까지 살아남을 수 있도록 소비자의 인식, 즉 인지도, 선호도, 구매 의향 등을 개선하는 것으로 정의되었다. 이런 관점은 마케팅을 제품/서비스 중심에서 보기 때문에 가능한 것이다.

<그림 III—4> 깔때기 vs. 여정

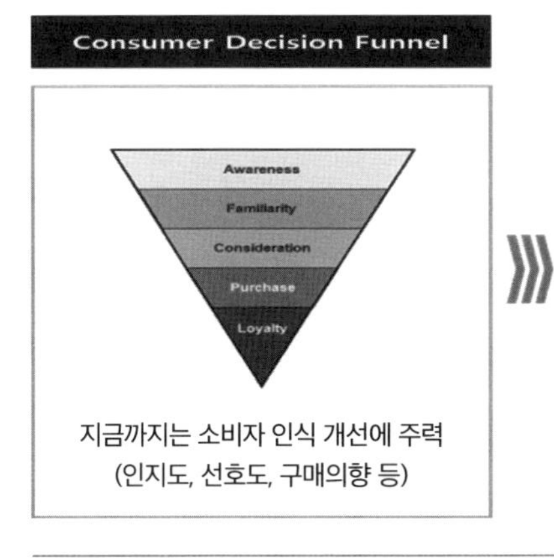

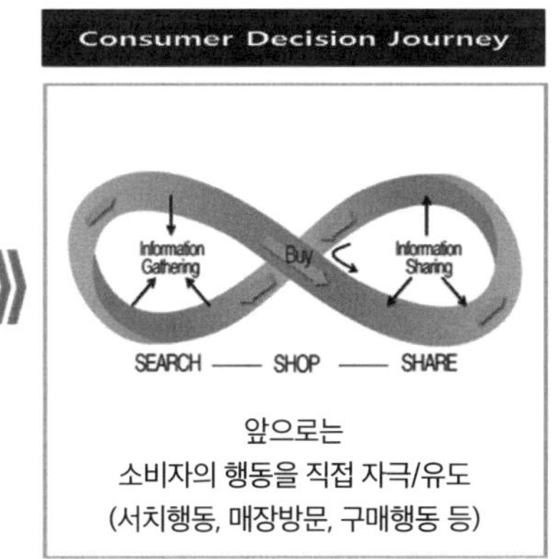

마케팅 깔때기 모델은 현대 마케팅 발전에 충분히 기여하였지만 이제는 구매 프로세스가 정확히 선형이 아니기 때문에 더 이상 적합하지 않다는 주장이 제기된다. 디지털 기술 발전, 특히 인터넷 및 소셜 미디어의 발달로 인해 고객은 영업 담당자와 만나기 전에 스스로 마케팅 깔때기의 원하는 단계로 직접 진입할 수 있게 되었다. 그러다 보니 깔때기라는 선형적 모델은 비실용적이 된 것이다.

과거 디지털 기술이 발달하기 전에는 고객이 제품을 인지하고 구매하는 과정에 고객의 의사결정에 영향을 미칠 수 있는 접점(터치포인트)들이 그다지 많지 않았다. 매장에서도 소수의 브랜드만 전시되어 있고, 우편으로 배달된 상품 카탈로그에도 제한적인 브랜드만 제시되었다. 기업 입장에서도 터치포인트는 필요에 따라 선택해서 융통성 있게 사용할 수 있는 수동적 채널에 불과했다. 그래서 시장을 인구통계학적 변수를 기준으로 비슷한 고객들의 묶음으로 세분화하고 그중 한두 곳을 목표 세분 시장으로 삼아, 목표 시장의 평균적 특성을 가진 고객에 맞는 터치포인트를 선택해서 집중적으로 마케팅 커뮤니케이션을 수행하게 된다. 이를 통해 마케팅 깔때기 상단에 가능한 한 많은 잠재 고객들을 모으고, 더 집중적인 커뮤니케이션을 통해 브랜드에 대한 관심과 참여도를 증가시켜 이들 중 일부를 깔때기 중간으로 리딩하고, 최종적으로 깔때기 가장 아래에서 구매 행위가 일어나도록 유도하는 것이 전부였다.

그러나 오늘날에는 고객이 특정 브랜드를 최종 구매할 때까지 그 결정과 행동에 '직접적으로' 그리고 '집중적으로' 영향을 미치는 웹, 소셜, 검색 및 모바일 기술이 폭발적으로 발달했다. 이런 환경에서 마케팅 깔때기 개념으로는 소비자의 모든 터치포인트를 파악하기 어려울 뿐만 아니라 소비자의 구매 결정 요인을 파악하는 것도 어렵다. 누군가 마케팅 깔때기의 맨 아래 단계에까지 이르러 우리의 제품과 서비스를 구매했더라도 이 고객이 어떤 경로를 따라 구매에 이르렀는지는 파악하기 어려워졌다는 것이다. 결국 마케터들은 더욱 복잡해지고 정교해진 고객의 구매 의사결정 과정을 제대로 이해하기 위해서 마케팅 관점을 브랜드와 서비스 중심에서 고객의 경험 중심으로 전환해야 한다는 것을 어렵사리 깨닫게 된 것이다.

마케팅 관점을 고객의 경험 중심으로 바꾼다는 것은 무엇일까? 그것은 마케터가 자신들의 브랜드나 서비스보다 이를 구매하여 소비하는 고객의 입장에서 생각할 수 있는 '역지사지易地思之'의 역량을 키우는 데서부터 시작되어야 한다. 고객의 기분이 어떤지, 고객이 무엇을 생각하고 있는지, 또 무엇을 기대하고 있는지 등에 대해 관심을 가지고 답을 찾다 보면 고객의 입장이 되어 그들이 무엇을 겪는 중이고, 무엇을 이루고자 하는지에 대해 이해하게 될 것이다. 이렇게 깊은 공감대를 가지고 고객에게 메시지를 전달한다면 고객의 긍정적인 반응을 이끌어 낼 수 있다. 제품의 차별적 특성으로 밀어붙이기보다는 마치 친절한 호텔의 컨시어지처럼 고객의 궁금증과 고민을 해결하고 고객과 같은 편에

서 도와주는 방식이 바로 '고객 경험 중심으로의 전환'이다.

이러한 관점의 전환을 통해서 고객의 경험을 좀 더 시각적으로 표현하고자 개발된 것이 '고객의사결정여정' 즉 CDJ이다. CDJ는 고객이 제품이나 서비스를 경험하게 되는 과정을 정의하고, 그 과정에서 생기는 고객 경험을 시각화하여 표현한다. 고객이 제품이나 서비스와 처음 만나는 초기 터치포인트에서부터 서비스가 끝나는 순간까지 제품/서비스를 이용하는 과정을 그림이나 사진, 도표 등으로 나타낸다. 이를 통해 고객이 제품/서비스를 이용하면서 체험하게 되는 작은 부분들의 합을 순차적으로 배열해서 고객이 서비스를 어떻게 받아들이고 사용하는지 등 고객 관점의 경험을 총체적으로 파악할 수 있도록 만들어진다.

<그림 III—5> 고객의사결정여정 예시

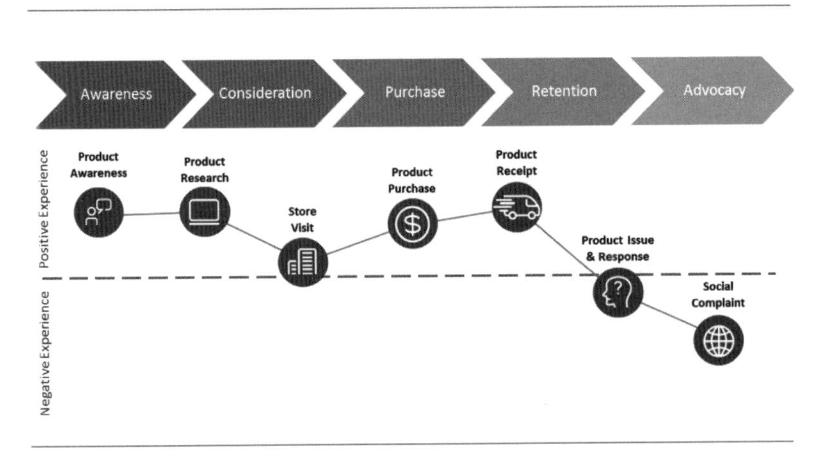

출처: 'Lean Customer Journey Mapping', Medium.com

그림과 같이 고객이 제품/서비스를 이용하면서 체험하게 되는 모든 단계를 순차적으로 배열해서 고객이 이성, 감정, 행동 차원에서 제품/서비스를 어떻게 받아들이고 사용하는지 등을 한눈에 파악할 수 있다. 이렇게 되면 기업의 입장에서는 어느 단계에서 어떤 애로사항pain point이나 어떤 개선 기회가 있는지를 제품/서비스의 관점이 아니라 고객의 관점에서 통찰할 수 있고, 따라서 고객이 제품과 서비스를 구매하는 매 단계마다 느끼는 경험의 품질을 높일 수 있도록 다양한 마케팅을 수행할 수 있게 된다.

이렇게 유용한 고객의사결정여정을 만들기 위해서, 첫 번째로 살펴봐야 할 것은 여정의 각 단계이다. 고객이 어떤 단계를 거쳐 기업의 브랜드를 알게 되고, 또 어떤 단계를 거쳐 구매하게 되는지가 바로 여정의 단계이다. 이러한 단계는 기업이 속한 산업의 특성에 따라 매우 다양하다. 그러므로 어떤 단계를 설정하느냐가 고객의사결정여정을 개발하는 데 매우 중요한 포인트가 된다.

마케팅 전문가가 많은 만큼 다양한 예시들이 제시되지만, 여기서는 필립 코틀러의 '마켓 4.0'에서 제시된 5A를 살펴보자. 일단 마케팅 분야에서 필립 코틀러가 가진 권위도 무시할 수 없지만 특히 5A는 디지털 시대를 반영한 고객의사결정여정 단계이기 때문에 더욱 유용하다.

5A는 'Aware(인지)→Appeal(호감)→Ask(질문)→Act(행동)→Advocate(옹호)'

라는 디지털 시대 고객여정의 5단계를 의미한다. 5A가 특히 '디지털 시대 고객여정'임을 강조하는 것은 디지털 기술의 연결성에 영향을 받아 Appeal, Ask, Advocate와 같은 단계들이 새롭게 추가됐기 때문이다.

<그림 III-6> 디지털 시대의 고객의사결정여정, 5A

출처: 『마켓 4.0』, 필립 코틀러 외

디지털 기술이 발달하기 전에 고객들은 브랜드에 대한 호불호의 태도를 스스로 알아서 결정했다. 그러나 지금은 브랜드에 대한 일차적 호감Appeal 단계에서 고객은 자신이 속해 있는 SNS상의 '커뮤니티'에 영향을 받게 된다. 또한 과거에는 브랜드에 대한 태도가 정해지면 구매나 거절로 바로 연결되었지만 지금은 다르다. 질문Ask 단계가 하나 더 늘었다. 질문은 자신이 알고 지내는 지인들에게만 하는 것이 아니다. 포털이나 SNS 등 어디서나 손쉽게 관심 브랜드에 대해 질문하고 조언을 구할 수 있다. 사용 후기를 참조하는 행위나 콜센터 등에 문의하는 것도 질문Ask에 해당한다. 온라인과 오프라인 채널이 유기적으로 관리되는 O2O채널에서는 더욱 다양한 질문Ask 단계가 이루어진다.

디지털 시대에는 특히 질문Ask 단계가 매우 중요해진다. 이 단계에서 고객은 개인적인 호불호보다 다른 사람들의 의견을 적극 반영하기 때문이다. 호감Appeal 단계에서 브랜드에 대한 호감이 다소 생겼다 하더라도 질문Ask 단계에서 자신이 가진 호감의 정당성을 강화하지 못한다면—타인 역시 해당 브랜드에 대해 호감을 가지고 있다는 것을 확인하지 못한다면—브랜드에 대한 구매, 즉 행동Act 단계로 이어지기 어렵다. 이것이 디지털 기술이 구매 경로에 미치는 큰 변화이다.

이 변화로 인해 디지털 시대의 고객여정에는 마지막에 옹호Advocate 단계가 추가되었다. 브랜드에 대한 소유와 사용이라는 과정을 통해 전반적으로 긍정적인 경험을 하게 되는 고객들은 브랜드에 대한 충성심을 갖게 된다. 과거에는 이런 충성 고객이 재구매를 통해 자신의 충성심을 표출하였지만 디지털 시대에는 재구매 외에도 브랜드에 대한 강력한 옹호Advocate가 가능하다. 다시 말해 따로 요청을 받지 않아도 적극적으로 브랜드를 추천하는 행위를 하게 된다. 과거와 달리 자신이 좋아하는 브랜드에 대해 칭찬하고 추천할 수 있는 수많은 온라인상의 기회가 생겼기 때문이다. 그러나 같은 이유로 브랜드에 대한 불만이 있는 고객들도 그만큼 불만을 표출할 수 있는 기회가 많이 생겼다. 이제 모두들 쉽게 자신의 만족과 불만을 SNS를 통해 타인에게 전달할 수 있다. 그래서 마케팅의 목적이, 단순히 구매율을 높이는 것에 그치지 않고 가능한 한 많은 고객들이 브랜드를 자발적으로 옹호하는 단계로까지 리딩하는 것으로 바뀌었다.

5A가 일반적으로 널리 알려진 고객여정 단계이기는 하나 모든 상황에 적용할 수 있는 만병통치약one size fits all은 아니다. 고객여정은 브랜드가 다루는 제품/서비스, 그리고 목표 고객에 대한 페르소나의 특성에 따라 달라질 수 있다. 이미 선진 기업들은 고객들이 직접 만들어 낸 여정에 그저 대응하는 수준에만 머물지 않고, 스스로 경로를 창조하여 고객을 주도적으로 이끌고 간다. 이들 기업의 마케터들은 제품을 관리하듯 고객여정을 관리한다. 이는 고객여정이 단순히 고객 경험을 높이기 위한 도구일 뿐만 아니라 기업의 경쟁우위 창출을 위한 보다 근본적인 도구로서도 주목을 받고 있다는 의미다.

고객여정지도를 만들자

고객여정은 지도처럼 시각화할 수 있다. 시각화한 '고객여정지도'를 개발하면 특정 페르소나를 가진 고객들이 어떤 경로로 어떤 심리적 변화를 겪으며 브랜드 관련 경험을 하는지 한눈에 알 수 있게 된다. 고객여정지도를 통하면 이외에도 다양한 효과를 볼 수 있다. 고객여정지도를 만들 때는 상세한 효과들을 이해하고 있어야 그 활용도를 높일 수 있다. 통상 고객여정지도를 통해 다음의 다섯 가지 효과를 기대할 수 있다.

첫째, 회사의 관점을 내부에서 외부로 전환시킨다.

오로지 자신들의 관점에서 고객을 바라보고 내부 프로세스와 시스템으로 고객 경험에 영향을 미치려고 하는 조직의 경우를 생각해 보자.

이런 조직이 고객여행지도를 활용하여 자신들의 브랜드를 경험하는 중요한 단계마다 고객의 생각, 행동, 감정에 다시 집중함으로써 그 조직의 내부 관점을 외부로 전환할 수 있다. 고객여정지도를 직접 만들게 되면 조직은 내부 관점에서는 거의 느낄 수 없었던 실제 인간적 체험을 깨닫게 될 것이다.

둘째, 조직 내 사일로silo 현상을 분해하여 전체 조직 차원의 공유된 비전을 제시한다.

고객여정지도는 잠재 고객이 브랜드를 인지하는 지점에서부터 충성 고객이 되어 브랜드의 강력한 옹호자가 되는 전체 여정에 대한 큰 그림Big Picture을 제공하기 때문에 아무리 사일로처럼 높은 장벽이 있는 부서 간에도 대화 및 협업을 이끌어 낼 수 있는 훌륭한 도구가 된다. 고객여정지도를 그려 놓고 부서 간 마찰이 발생하는 영역에서 누가 무엇을 시작해야 할지에 대해 답을 찾게 되면 부서 간 공감과 협력을 이끌어 낼 수 있다.

셋째, 핵심 터치포인트에 대한 관리 책임을 내부 부서에 할당한다.

고객의 부정적 경험이 발생하는 영역, 즉 터치포인트들은 대부분 조직 내부적으로 어느 부서에게도 관리 책임이나 권한이 주어지지 않은 경우가 많다. 고객여정지도를 활용하게 되면 이런 사각지대를 관리할 수 있다.

넷째, 구체적인 고객에게 타기팅한다.

고객여정지도는 몇 가지 인구통계적 기준(나이, 성별, 직업 등)에 의해 규정된 세분 시장과 그 세분 시장 내에 존재하는 평균적인 고객에 대해 타기팅하는 것이 아니다. 앞서 설명한 대로 페르소나 도출을 통해 보다 구체적이고 특정한 고객에게 집중할 수 있도록 한다.

다섯째, 정량적 데이터의 이해와 활용도를 높인다.

분석 또는 기타 정량적 데이터를 통해 바람직하지 않은 상황이 파악되는 경우, 가령 온라인 판매가 정체되어 있거나 온라인 도구가 충분히 활용되지 않은 경우, 고객여정지도를 활용하면 원인을 쉽게 찾을 수 있다.

이렇듯 고객여정지도를 통해 여러 효과들을 볼 수 있으나 그렇다고 이러한 효과들이 거저 얻어지는 것은 아니다. 효과를 제대로 얻기 위해서 고객여정지도를 만들 때 반드시 포함시켜야 할 구성 요소들이 있다.

첫째, 관점Point of View이 필요하다.

고객여정도 엄연히 여정旅程인 만큼, 여정을 떠날 '주인공'이 있어야 한다. 이 머나먼 여행의 주인공은 누구인가? 만약 대학이 고객여정지도를 만든다면 교수가 주인공이 될 수도 있고, 학생이 주인공이 될 수도 있을 것이다. 주인공이 누구냐에 따라 여정에 대한 관점은 달라질 것이고 여정지도 또한 완전히 다르게 나올 것이다. 주인공은 당연히 페

르소나와 일치해야 한다. 유용한 고객여정지도를 만들기 위해서는 반드시 하나의 지도당 하나의 관점, 즉 하나의 주인공을 매핑해야 한다.

둘째, 시나리오를 구성해야 한다.

여기서 시나리오란, 여정 동안 고객이 어떤 단계를 거치는지 정하는 것을 의미한다. 기존 고객들이 현재 존재하고 있는 제품이나 서비스를 구매하는 과정에서의 경험을 지도에 나타낼 수도 있고, 아직 출시되지 않은 제품이나 서비스를 대상으로 미래에 있을 고객 경험 과정을 상정할 수도 있다. 예를 들어 호텔 기업이라면 고객들이 자신들의 호텔에 체크인을 하기까지, 여행객이나 출장객이라는 페르소나에 따라 어떤 과정을 밟아 올 것인지를 시나리오화할 수도 있다. 또 이커머스를 하는 온라인플랫폼이라면 고객들이 온라인상에서 어떤 과정을 거쳐 자신들의 플랫폼에 도달하고 어떤 단계를 지나 구매에 이르게 되는지 시나리오화할 것이다. 그러나 그 어떤 경우라도 각 경험 단계마다 고객이 무엇을 원하는가, 즉 고객의 목적을 분명히 해야 한다. 그래서 고객여정지도는 구매 행위나 진짜 여행trip처럼 일련의 이벤트들이 연속적으로 일어나는 시나리오일 경우 가장 효과가 좋다.

셋째, 행동, 사고, 감정을 포함해야 한다.

고객여정지도에서의 핵심은 일련의 연속적인 고객 경험 속에서 고객이 '어떤 행동을 하고Doing, 무슨 생각을 하고Thinking, 어떻게 느끼느냐Feeling'이다. 이러한 DTFDoing/Thinking/Feeling에 대한 데이터는 현장 연

구, 맥락 리서치, diary 연구(컴퓨터에 남겨진 고객의 로그 기록 같은 것을 오랫동안 추적하는 연구)와 같은 정성적 연구qualitative research를 통해서 얻을 수 있다. DTF를 얼마나 구체적이고 상세하게 할 것인지는 지도의 목적에 따라 정하면 된다.

넷째, 터치포인트와 채널을 포함해야 한다.

고객이 실제로 기업의 브랜드와 상호작용(브랜드에 대해 찾아보고, 질문하고, 감상하는 등 모든 행위)을 하는 모든 수단을 터치포인트라고 한다. 또 기업의 커뮤니케이션과 서비스가 전달되는 통로, 예를 들어 웹사이트나 물리적 매장 등이 채널이다. 고객여정지도에서 고객의 경험이 진행됨에 따라 관련된 터치포인트와 채널이 포함되어야 한다. 이 터치포인트와 채널에서 부정적 고객 경험 또는 경험의 단절 등이 발생하기 때문에 특별한 주의가 요구된다.

다섯째, 인사이트와 책임 소재를 넣어야 한다.

고객여정지도를 만드는 가장 중요한 목적은 여정의 모든 단계에서 일어나는 고객 경험을 최적화하기 위해 고객 경험의 사각지대를 찾아내고 이에 대한 적절한 대응 방안을 마련하는 것이다. 그럼에도 고객여정지도를 만들면서 얻은 인사이트와 책임 소재는 흔히들 간과하는 경우가 많다. 그래서 고객여정지도 안에 명시적으로 인사이트를 서술하도록 빈칸을 만들어야 하며, 조직적으로 여정지도의 각 부분에 대해 명확한 책임 소재를 부여함으로써 고객여징의 각 단계마다 누가 담당 부

서인지를 명확히 알도록 해야 한다. 책임 소재를 정하지 않으면 아무도 신경 쓰지 않는 사각지대가 계속 늘어나게 된다.

리서치 및 컨설팅 업체인 닐슨 노르만 그룹에서 제시하는 다음과 같은 템플릿을 활용하면 설명한 요소들을 모두 포함한 고객여정지도를 만들 수 있다.*

<그림 III—7> 고객의사결정여정지도 개발 방법 1

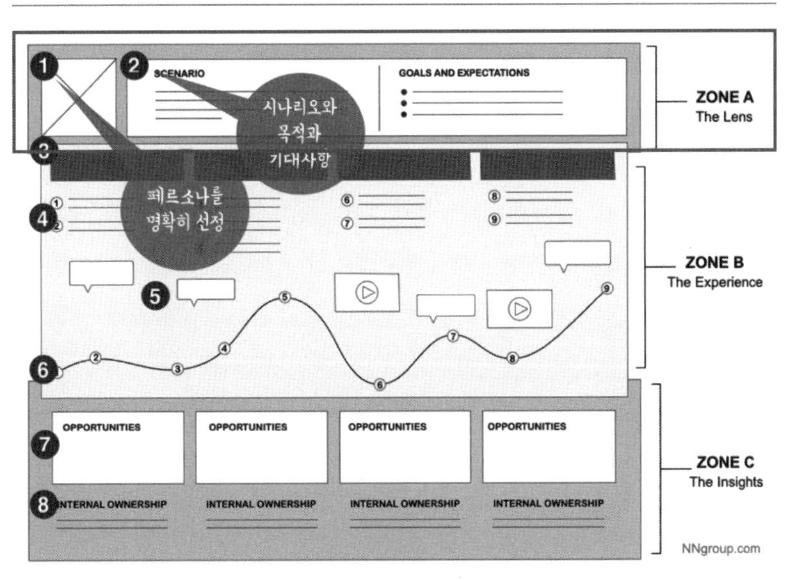

출처 : Neilson Norman Group, 'When and How to Create Customer Journey Maps'

* 'When and How create Customer Journey Maps', Nielson Norman Group

A 영역에서는 (1) 페르소나를 명확히 선정하고, (2) 어떤 고객 경험의 여정을 조사할지 시나리오와 이 고객여정지도의 목적과 기대 사항을 밝힌다.

<그림 Ⅲ—8> 고객의사결정여정지도 개발 방법 2

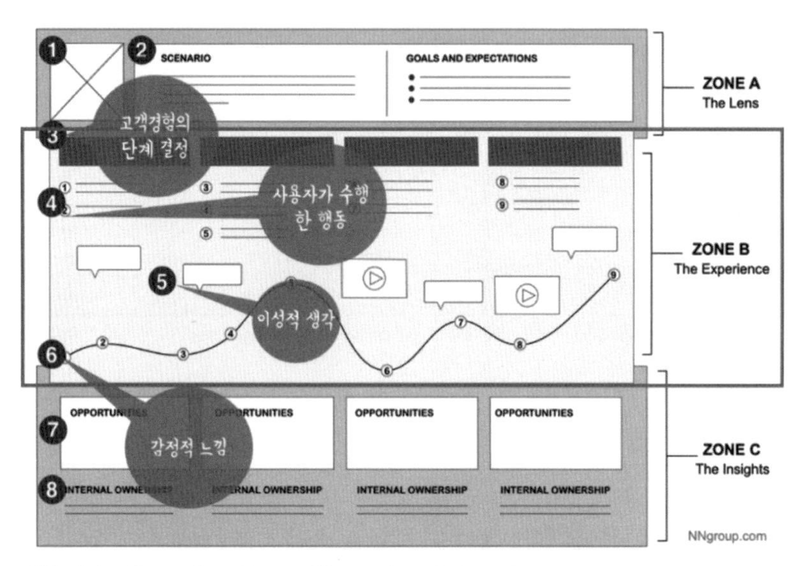

출처 : Neilson Norman Group, 'When and How to Create Customer Journey Maps'

B 영역에서는 (3) 고객여정지도의 핵심이 되는 시각화된 고객 경험의 단계를 결정한다. 앞에서 제시한 5A가 그 한 예가 될 수 있다. (4) 각 경험 단계마다 사용자가 수행한 행동, (5) 이성적 생각, (6) 감정적 느낌 등에 대한 조사를 서술하고 가능하다면 증거를 비디오로 제시할 수도 있다.

<그림 III–9> 고객의사결정여정지도 개발 방법 3

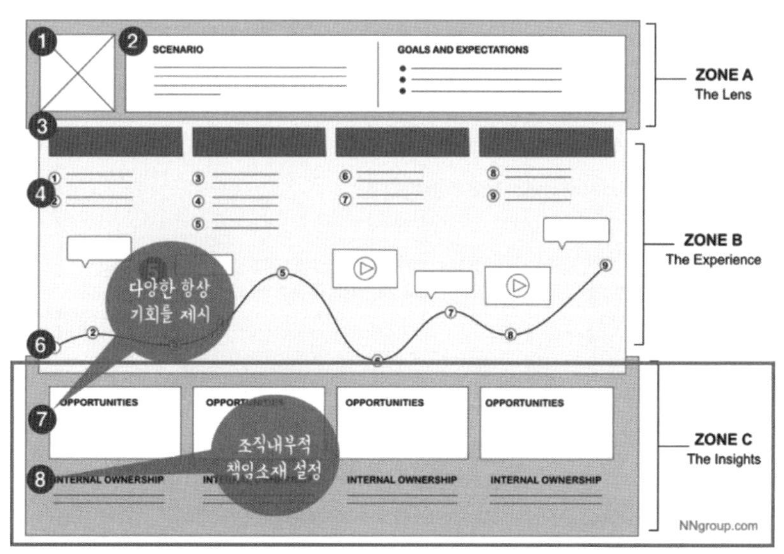

출처 : Neilson Norman Group, 'When and How to Create Customer Journey Maps'

마지막 C 영역에서 고객여정지도가 추구하는 목표에 따라 결과물이 달라지겠지만 통상적으로 (7) 조사와 분석을 통해 발견된 인사이트와 이에 따른 다양한 향상 기회를 제시해야 하며, (8) 중요한 터치포인트에 대해서는 조직 내부적으로 책임 소재가 어디에 있는지 명확히 설정해야 한다.

4

고객과의 스킨십, 터치포인트Touch point

터치포인트란 말 그대로 고객과 브랜드의 스킨십이 일어나는 장소와 시간이라고 할 수 있다. 고객이 특정 브랜드에 대해 알게 되는 장소와 시간, 그리고 그 브랜드에 대한 다양한 궁금증을 해결할 수 있는 장소와 시간 등이라고 생각하면 크게 틀리지 않을 것이다.

터치포인트는 제품 구입 시 그 제품에 대한 주위 사람들의 평가(후기나 입소문), 온/오프라인 광고, 매장 디스플레이, 웹사이트 등 고객이 그 제품을 탐색하고, 선택하며, 사용하는 모든 고객여정에서 직/간접적으로 제품의 브랜드와 접촉하게 되는 지점(장소와 시간)을 의미한다. 다음 그림에서 볼 수 있듯이, 카메라 하나를 사려고 해도 온라인 검색, 카메라 마니아들의 후기, 동영상, 카메라 매장에서의 안내, 해당 브랜드의

<그림 III–10> 터치포인트(Touch point) 예시

1 Online search results
2 Peer reviews
3 Videos
4 In-store marketing
5 Websites
6 Customer service representatives
7 Invoice

출처: 'The Future of Retail Touchpoints', Edward Westenberg

웹사이트 등등이 터치포인트가 될 수 있다.

앞서 설명한 것처럼 디지털 이전 시대에도 터치포인트는 있었지만 상당히 제한적이었고, 기업의 입장에서도 선택적으로 활용할 수 있는 수동적 채널 정도였다. 그러나 디지털 기술이 발달하면서 다양한 터치포인트들이 등장하게 되었고, 이것이 고객의 구매 행동에 끼치는 영향 또한 무시하지 못할 정도로 강력해졌다. 이미 2007년 가트너가 실시한 조사에 따르면 고객이 브랜드를 인지하고 거래에 이르기까지 평균적으로 56번 정도 브랜드와 접촉, 즉 터치touch가 일어났다고 한다. 지금은 그때와 비교해 훨씬 더 많은 디지털 터치포인트들이 생겨났으니 그 이상 고객과 브랜드의 '터치'가 일어나고 있다.

실제로 지난 2018년 Think with Google에서 조사한 바에 따르면 모바일 시대가 되면서 소비자들의 디지털 사용 횟수가 폭발적으로 증가하였으며 구매여정의 터치포인트도 동시에 증가했다. 구글의 소비자가 하루에 핸드폰을 여는 횟수는 평균 150회이며, 이 중 쇼핑과 관련된 사이트를 방문하거나 검색하는 디지털 터치 현상은 한 달 동안 약 1,040번 발생하고 있다고 하니 얼마나 많은 터치포인트들이 생겨나는지 짐작이 갈 것이다.

과거 터치포인트는 기업이 전달하고자 하는 메시지를 고객에게 전달하는 매개체 역할을 가장 중요하게 여겼다. 하지만 디지털 기술이 발달한 오늘날에는 그 역할이 달라지고 있다. 고객에게 귀를 기울이고, 그들을 관여시키고, 그들로부터 인사이트를 발굴하는 창구로서의 역할이 중요시되고 있다. 이렇게 터치포인트의 역할이 달라지는 것은 고객들이 터치포인트에 남긴 여러 가지 데이터를 확보하고 이를 분석해서 소위 통찰洞察, 즉 인사이트를 뽑아낼 수 있는 기술들이 발달하였기 때문이다.

이러한 기술 발달 덕분에 터치포인트 분석을 통해 동일한 브랜드라도 TPO Time/Place/Occasion 변화에 따라 고객 경험이 어떻게 변화하는지에 대한 통찰을 얻을 수 있다. 가령 커피의 경우, 점심시간보다 아침 출근 시간대에 고객에게 주는 존재감이 더 크다. 이렇게 환경의 맥락에 따라 고객 경험이 어떻게 변하는지 알게 되면 가장 큰 성장 기회를 얻을 수

있는 터치포인트를 찾아내어 적절한 마케팅 캠페인을 실행할 수 있다.

터치포인트의 특성을 가장 효과적으로 활용할 수 있는 마케팅 캠페인은 메시지의 노출과 도달에 중점을 두기보다 고객의 사고방식과 수용성에 중점을 둔 캠페인이다. 즉 모든 터치포인트를 대상으로 단순히 브랜드나 메시지 노출에 주력하기보다 브랜드에 대해 가장 수용적인 목표 페르소나를 대상으로 그들이 가장 쉽게 영향을 받을 수 있는 터치포인트를 통해서 특정 경험을 제공하는 것을 목적으로 한다.

트위터, 웨이보, 라인, 인스타그램 등은 단순히 불특정 다수의 고객에게 도달하기 위한 채널이 아닌 기업이 목표로 하는 특정 고객에게 접근할 수 있도록 다양한 맥락을 제공하는 터치포인트라 할 수 있다. 따라서 어떤 터치포인트를 활용할 것인지는 기업이 수행하고자 하는 마케팅 캠페인이 정확히 어떤 목표 고객의 페르소나를 겨냥하고 있는지에 따라 달라진다.

예를 들자면 브랜드에 많은 시간을 할애하여 보다 밀도 높은 경험을 원하는 고객들에게는 풍부하고 몰입적인 이미지를 제공할 수 있는 터치포인트가 적당할 것이고, 브랜드를 실생활과 연관시켜 설득시킬 필요가 있는 고객들에게는 강력하게 시선을 끄는 트윗을 터치포인트로 활용할 수 있다. 이미 브랜드와 어느 정도 안정적인 관계를 구축한 고객들에게는 친숙한 느낌의 인스턴트 메시지가 가장 적합할 것이다.

터치포인트를 활용해서 브랜드의 성장 기회를 극대화시키기 위해서는 최대 이익과 성장을 이끌어내는 터치포인트와 그 터치포인트를 통해 어떤 고객 경험을 전달할 것인지를 파악하는 것이 가장 중요하다. 이를 위해서는 최소한 다음 사항들에 대해서 조사를 해야 한다.

- 고객은 구매여정의 어떤 단계에서 어떤 터치포인트를 어떤 경로로 접속하는가?
- 각각의 터치포인트는 해당 브랜드에 어떤 영향을 주는가?
- 전체 고객여정에서 접속하는 터치포인트 중에서 어느 포인트가 가장 결정적 영향력을 미치는가?
- 각각의 터치포인트에서 효과적인 마케팅 전략은 무엇인가?

디지털 기술의 발달로 이제는 어떤 고객이든지 구매여정에서 여러 형태의 터치포인트를 경험하게 되고, 이러한 경험이 구매 결정에 상당한 영향을 미치게 된다. 더구나 지속적으로 새로운 유형의 터치포인트들이 개발되고 있으므로 고객의 구매여정 전반에 걸쳐 터치포인트의 영향력을 탐구하고 이해하는 것이 디지털 마케팅에서 매우 중요해졌다.

더구나 디지털 시대에 들어서 고객들에게 다양한 경로로 브랜드에 대한 객관적인 정보(사용 후기, 전문가 평가 등)들이 전달되고 있어 브랜드의 명성이 제품과 서비스의 품질에 대한 지표로서 가지는 영향력이 갈수록 줄어들고 있다. 다시 말해서 제품/서비스에 대한 상대 가치(제품/서비

스의 브랜드를 통해 판단하는 가치)보다 절대 가치(제품/서비스를 직접 경험해 보고 판단하는 가치)의 영향력이 점차 커지고 있다.*

이로 인해 제품/서비스를 판매하는 비즈니스 모델에, 고객의 구매 과정에서 제품/서비스에 대한 정보를 큐레이팅curating하는 서비스를 추가하는 경향이 보인다. 고객들이 구매 과정에서 마주치게 되는 다양하고 많은 양의 정보를 고객의 취향이나 특성에 맞게 일목요연하게 정리해주는 서비스를 큐레이션curation이라고 하는데 기업들도 이제는 단순히 제품과 서비스 판매하려고 하기보다는 제품과 서비스에 대한 다양한 정보들을 큐레이팅하여 고객에게 제시함으로써 비즈니스 성과를 극대화하려는 경향이다. 다양한 정보들은 여러 터치포인트상에서 큐레이팅되기 마련이다. 그러므로 올바른 큐레이팅을 위해서는 기업 내 여러 부서에서 각각 관리되어 오던 다양한 터치포인트를 통합적으로 정리해야 하고 무엇보다도 브랜드와 관련하여 일관된 메시지를 각 터치포인트상에서 전달할 수 있어야 한다. 그렇게 하려면 다음 예시처럼 터치포인트에 대해 구매 전/중/후로 나누어 통합적이며 전체적인 체계를 가지고 있어야 한다.

이렇게 통합된 체계하에서 큐레이팅 정보를 비롯하여 일관된 고객 경험을 줄 수 있도록 터치포인트를 관리해야 한다. 만약 터치포인트별

* 『절대 가치』, 이타마르 시몬스 외

<그림 III-11> 브랜드 터치포인트 체계화 예시

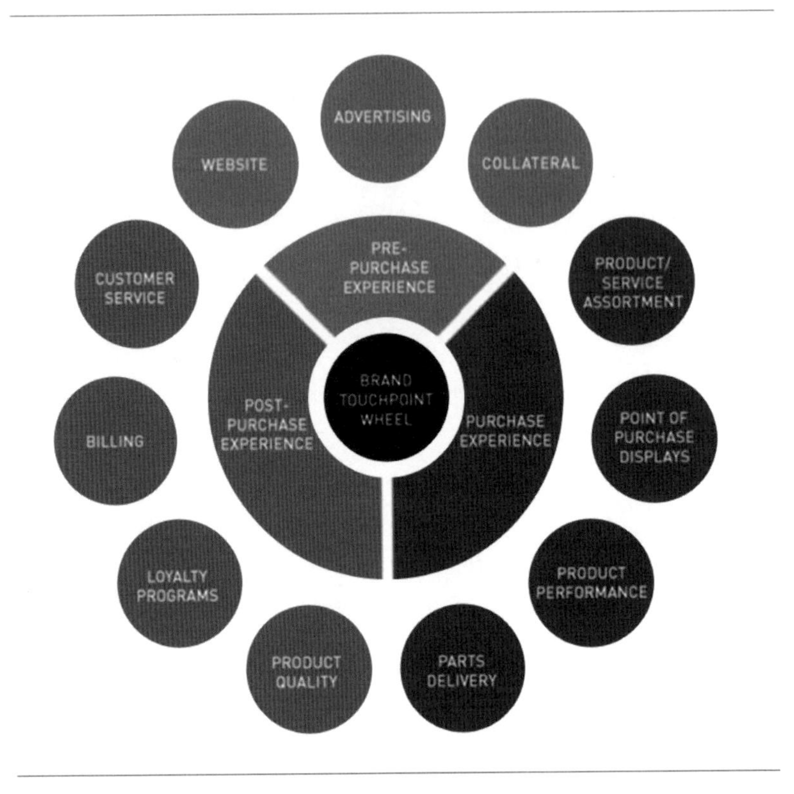

출처: Pinterest

로 각기 다른 경험을 제공하게 되면 고객이 브랜드에 대해 혼선을 갖게 되므로 브랜드에도 부정적인 영향을 끼칠 수 있다. 상식적인 얘기지만 브랜드의 사회적, 기능적, 감정적 역할을 일관성 있도록 조율하는 것은, 통합된 고객 경험을 만들어 내고 타깃 고객층이 거의 습관적으로 선택하거나 선호하는 브랜드로 진입하기 위해 매우 중요하다.

터치포인트를 최적화할 때 마케터들이 고려해야 하는 또 다른 부분은 바로 경험에 대한 즉각적인 결과와 그 경험을 통해서 생성되는 기억이다. 즉각적인 결과는 사람들을 지금 당장 구매로 유도하거나 고객이 매장을 떠나면서 '만족' 버튼을 누르도록 촉구할 수 있는 반면 경험 기반 기억은 브랜드 인식과 고객 충성도, 향후 행태에 커다란 영향을 끼친다. 각 터치포인트에서 발생할 수 있는 고객 경험 외에도 고객들이 이에 대해 어떻게 기억하는지를 분석하는 것은, 각 터치포인트가 가지고 있는 진정한 영향력을 이해하고 나아가 최전선에서 고객을 만나는 직원들이 이행해야 할 행동의 우선순위를 정하는 데 필수적이다. 이것은 앞서 언급한 고객의사결정여정을 개발할 때 각 단계, 더 세밀하게는 주요 터치포인트마다 고객 DTF(Doing/Thinking/Feeling, 행동/생각/감정)를 분석함으로써 파악할 수 있다.

마케터들은 향후 고객 경험이 점점 더 디지털 기술로 연결되고 있는 환경 속에서 터치포인트의 역할에 대해 속단하거나 그 중요성을 간과해서는 안 된다. 그렇다고 해서 모든 터치포인트를 동일한 수준으로 중요하게 고려해서도 안 된다. 또한 브랜드와 고객 간의 대화가 급증함에 따라 어떤 터치포인트가 브랜드 성장에 가장 많은 기여를 하는지 구분하는 것이 점점 더 전략적으로 중요해지고 있다. 이를 바탕으로 비로소 브랜드는 핵심 터치포인트를 통해 목표 고객에게 유의미한 경험을 제공할 수 있기 때문이다.

어떤 터치포인트는 고객이 가지고 있는 브랜드 인식을 변화시키거나 구매하도록 하는 등 결정적 영향력을 지닐 수 있다. 대형 마트 통로라고 하는 동일한 터치포인트도 선호하는 상품을 찾고 있는 충성 고객과 아직 의사결정을 하지 못한 고객에게 전혀 다른 경험을 제공한다. 그러므로 어떤 고객을 대상으로 하느냐에 따라 터치포인트의 경우에도 80:20 법칙을 적용할 수 있다. 즉 다양한 브랜드와 제품의 경우에도 20%의 핵심적인 소수 터치포인트가 특정 고객 경험의 품질을 높이거나 낮추는 데 80%의 영향력을 행사할 수 있다는 것이다.

향후 디지털 시대의 기업들은 고객여정상에서 존재하는 수많은 터치포인트 중 어떤 것들이 20%에 해당하는 핵심 터치포인트인지 찾아낼 수 있어야 한다. 이를 위해 기업들은 과거에 마케팅과 관련한 다양한 부서에서 독립적으로 운영되어 오던 고객 정보들을 통합하고, 그들이 비즈니스 성장에 어떻게 기여하는지 파악하고, 그들이 요구하는 일관된 브랜드 경험을 전달하기 위해 어떻게 터치포인트를 관리해야 하는지에 대해 명확히 이해해야 한다. 디지털 시대에는 터치포인트에 대한 통합된 비전이 필요하다. 그래야만 터치포인트를 최대한 활용하여 효과적인 전략을 구축할 수 있기 때문이다.

5

고객의 사연을 담은 고객스토리Customer Story

이번에는 애자일마케팅 전략을 세우기 위한 SFC 워크숍의 create 단계에서 고객스토리 개발 부분에 대해 알아보자. 고객스토리는 무엇이며 또 어떻게 개발하는지 구체적으로 살펴보자.

앞서 우리는 페르소나, 고객여정지도, 터치포인트 등 디지털 시대 마케팅에 있어 중요한 새로운 개념들을 살펴보았다. 이 개념들은 디지털 마케팅에서 중요한 개념이기도 하지만 애자일마케팅 전략 수립에도 반드시 필요한 개념이자 도구이다. 애자일마케팅 전략 수립에 있어 중요한 또 하나의 개념이 있는데, 바로 '고객스토리Customer Story'이다.

고객스토리는 앞서 제시된 개념들과는 사뭇 다른 측면이 있다. 앞선

개념들이 모두 순수한 마케팅 관점에서 등장한 것이라면 고객스토리는 마케팅이 아닌 소프트웨어 개발에서 등장하였다. 애자일마케팅이 애자일 소프트웨어 개발에서 응용된 것처럼 고객스토리 역시 애자일 소프트웨어 개발 방법론에서 차용되었다.

그래서 고객스토리를 설명하기 전에 소프트웨어 개발에서 사용되던 유저스토리User story에 대해 먼저 알아볼 필요가 있다. 유저들이 사용하기 좋은 소프트웨어를 개발하기 위해 유저의 입장에서 목적 달성을 위해 필요로 하는 기능이나 특성을 정해진 포맷에 따라 문장으로 만들어 제시하는 것을 '유저스토리'라고 한다. 유저스토리의 한 예를 들어보자.

> 나는 고객 분석 담당자로서,
> 현재 가입된 고객의 남녀 성비와 사는 지역 정보를 파악하기 위해,
> 전체 고객 명단의 목록을 성별과 지역으로 정렬해 보기를 원한다.

예시의 유저스토리를 비롯해 모든 유저스토리는 다음의 포맷에 따라 만들어진다.

> ① 나는 (역할)로서,
> ② (내가 원하는 목적)을 달성하기 위해,
> ③ (특정한 기능/특성)이 구현되기를 바란다.

우리말과 어순이 다른 영어의 유저스토리 포맷은 다음과 같다.

① As a (type of user),

② I want (some feature)

③ so that (reason).

유저스토리 포맷을 분석해 보면, 세 가지 중요한 구성 요소들을 찾을 수 있다. 첫 번째로 'Who'이다. 유저가 누구인가가 분명하게 밝혀져야 한다. 앞선 사례에서는 '고객 분석 담당자'가 유저, 즉 who이다. 두 번째로 'What'이다. 무엇이 '가능'해져야 하는가, 즉 어떤 기능이나 특성이 구현되어야 하는가를 밝히는 것이다. 사례에서는 '전체 고객 명단의 목록을 성별과 지역으로 정렬해 보기를 원한다.'가 what이다. 세 번째는 'Why'이다. 왜 그런 기능들이 가능해져야 하는가에 대한 답이 제시되어야 한다. 사례에서는 '현재 가입된 고객의 남녀 성비와 사는 지역 정보를 파악하기 위해'가 why이다. 이를 우리말 어순으로 하면 who—why—what의 순서가 될 것이다. 순서는 어순에 따라 바뀔 수 있으나 구성 요소에 who, what, why가 반드시 포함되어야 한다.

유저스토리를 애자일마케팅에서 응용한 것이 바로 '고객스토리'이다. 고객스토리는 애자일마케팅 전체를 통틀어 매우 중요하다. 애자일마케팅에서 전략과 운영 부분의 연결 고리 역할을 하기 때문이다. 애자일마케팅 전략을 통해 도출된 전략적 과제들이 고객스토리 형태로

만들어지고, 마케터들은 이 고객스토리를 기반으로 다양한 캠페인을 만든다. 캠페인들은 애자일마케팅의 운영 단계에서 실행되고 그 결과가 피드백되어 다시 수정/보완 후 재실행되는 반복 프로세스를 거치기 때문에 고객스토리가 애자일마케팅 전체에 걸쳐 중요한 역할을 하게 된다.

그렇다면 고객스토리는 어떻게 만들어질까? 마케팅에서 활용되는 고객스토리는 유저스토리와 조금 다르다. 법칙처럼 정해진 것은 없지만 일반적으로 다음과 같은 포맷을 따른다.

① As a (PERSONA),

② I want (WHAT),

③ so That (WHY).

앞서 도출한 목표 고객의 '페르소나 입장에서, 특정 목표를 달성하기 위해, 특정 유형의 캠페인을 원한다.'라는 포맷으로 마케팅용 고객스토리가 만들어질 수 있다.

가령 기업이 목표 고객으로 설정한 페르소나가 최근 기업이 출시한 신제품에 대한 CDJ, 즉 5A[Aware(인지)→Appeal(호감)→Ask(질문)→Act(행동)→Advocate(옹호)] 고객여정을 진행하다가 핵심 터치포인트에서 결정적 pain point를 경험하였을 경우를 생각해 볼 수 있다. 최근 출시한 신

제품이라면, 사용자가 많지 않을 것이기 때문에 제품에 대한 더 많은 정보를 찾기 위해 직접 적극적인 조사에 착수하는 Ask(질문) 단계에서 제품의 기능과 품질에 대한 사용자 후기를 참조하기 어려울 것이다. 이런 경우 기업에서 직접 운영하는 콜센터나 웹사이트상의 고객센터 등에 고객들이 많이 의존하게 될 것이므로 이런 것들이 핵심 터치포인트가 된다고 가정해보자.

만약 그렇다면 이러한 핵심 터치포인트에서 고객들이 어떤 경험을 하게 되느냐가 신제품의 성과에 결정적인 영향을 미치게 된다. 만약 웹사이트상의 고객센터에서 제품의 기능과 품질에 대한 설명을 얻기 위해 4~5번 이상 클릭을 해야 하고, 그럼에도 불구하고 객관적이고 친절한 정보를 제공받지 못한다면 고객 입장에서 명백한 Pain point가 될 수 있다. 그렇다면 고객스토리는 다음과 같이 작성될 수 있다.

① 구매 전에 제품의 절대적 가치를 꼭 확인해야 하는 고객으로서, (Persona)
② 사용자 후기가 부족한 신제품의 기능과 품질에 대한 객관적인 평가를 보다 용이하게 확보할 수 있도록 하기 위해, (Why)
③ 고객센터에 접속하여 3번 이하의 클릭으로 기능과 품질에 대한 객관적 평가 자료를 볼 수 있기를 원한다. (What)

또는 고객의 숨겨진 니즈를 만족시켜주기 위한 고객스토리도 가능

하다. 이커머스 플랫폼에서 신선 식품을 구매하는 경우를 생각해보자. 요즘에는 육류나 채소, 반찬 등 신선 식품의 경우도 물류, 보관, 배송 기능들이 발달하여 대부분 안심하고 온라인에서 구매하는 고객들이 많다. 그러나 신선한 재료들을 구매할 때, 자신이 만들고 싶은 요리를 위해 기본적인 손질이 된 상태로 배달되기를 원하는 고객들도 있을 것이다. 이런 페르소나를 가진 고객들에게는 구매 시점, 즉 Act(행동) 단계에서 새벽에 신속하게 배달되는 경험은 만족스러우나 재료를 받은 후 껍질을 벗기고, 다듬고 하는 과정은 유쾌한 경험이 아닐 수 있다. 이런 경우의 고객스토리는 어떨까?

① 새벽잠이 많아 출근 준비 시간이 부족한 고객으로서, (Persona)
② 아침 식사를 용이하고 빠르게 준비하기 위해, (Why)
③ 특정 요리를 만들기 위해 맞춤 정리가 된(세척, 탈피, 썰기 등) 신선 재료를 배달 받고 싶다. (What)

이처럼 애자일마케팅의 고객스토리는 목표 페르소나를 가진 고객이 기업 브랜드 관련 고객여정을 경험하는 중에 핵심 터치포인트에서 발생하는 부정적 고객 경험(신제품 사례)을 향상시키기 위한 것이거나 혹은 모든 터치포인트에서 드러나지 않은 고객 만족 기회(신선 식품 사례)를 획득하기 위해 활용된다. 즉 고객스토리는 철저히 고객의 경험 자체에 포커싱하여 작성되는 것이다. 고객 경험을 향상시키기 위해 마케터가 무엇을 해야 할 것인지는 그다음 단계에서 도출해야 한다.

이렇게 철저히 고객의 경험에 집중해서 고객스토리를 만들게 되면, 고객스토리를 만드는 행위 자체가 마케터와 사업 부서의 고객 관리자 간에 대화를 할 수 있는 좋은 방법이 된다. 이 두 사람이 대화를 나누는 것은 사업을 위해 반드시 필요한 일이다. 만약 그렇지 못하다면 마케터들은 기껏 비싼 비용을 들여 진행한 캠페인을 수정해서 나중에 다시 해야 하는 경우도 생길 수 있다. 그래서 고객 경험에 집중하여 고객스토리를 만드는 일이 중요한 것이다.

앞에서 제시한 고객스토리들은 모두 마케팅에 대한 기술적 지식 없이도 쉽게 이해할 수 있다. 신제품에 대한 객관적 평가를 알고 싶은 까다로운 고객을 위해 클릭 수를 줄이려면 어떤 작업을 해야 할지, 또 객관적이라고 인정받을 수 있는 평가 자료를 어떻게 확보해야 할지에 대한 설명은 없다.

하고자 하는 요리에 맞게 정리된 신선 재료를 원하는 고객의 경우도 마찬가지다. 원재료를 어떻게 가공하는지에 대한 골치 아픈 기술적 대안은 고객스토리에 없다. 왜냐하면 그것은 고객이 고민할 바가 아니기 때문이다. 단지 고객의 부정적 경험 혹은 감춰진 니즈만을 찾아내서 서술하면 된다. 사업을 이끌어 가는 비즈니스 책임자 입장에서는 고객의 입장에서 고객스토리가 타당한가 아닌가에 대해 판단할 수 있으면 족하다. 그것을 마케팅 차원에서 어떻게 가능하게 할지는 애자일마케팅 팀이 고민해야 한다.

이외에도 고객스토리는 몇 가지 특성이 있는데 이를 애자일 소프트웨어 개발에서의 유저스토리와 비교해 보면 다음 그림과 같이 몇 가지 차이를 보인다.

<그림 III—12> 유저스토리와 고객스토리 비교

애자일소프트웨어 개발에서의 유저스토리	애자일마케팅에서의 고객스토리
Low level	High level
Lots of them	Relatively few
Left brain	Right brain
Focus on functionality	Focus on outcomes

출처: Jim Ewel Blog

소프트웨어 개발에서 활용하는 유저스토리는 상대적으로 낮은 수준의 세부 사항과 기능에 중점을 둔다. 따라서 주어진 프로젝트(스프린트)에서 최소한 20~30개, 때로는 수백 개가 되는 경향이 있다. 그러나 애자일마케팅의 고객스토리는 더 높은 수준이며 일반적으로 그 수가 적다. 일반적으로 하나의 페르소나당 고객스토리는 10개 미만이며, 어떤 경우에는 3~4개 정도 나오기도 한다. 특정 페르소나가 구매 여정을 거치면서 핵심 터치포인트에서 느낄 수 있는 고객 경험상의 애로사항이나 향상 기회가 그 정도 나오는 것이다.

또 "가입자용 콘텐츠에 쉽게 접근할 수 있도록 로그인하고 싶다."와 같이 유저스토리가 이성적이고 논리적 관점에 초점을 두는 반면 "엄마로서 할아버지, 할머니, 숙모, 삼촌 및 친구들과 행복한 추억을 나눌 수 있도록 아이들의 비디오를 찍고 공유하고 싶다."와 같이 고객스토리는 고객 경험을 통한 감정이나 느낌 등에 집중한다.

실행에 옮길 수 있는 고객스토리를 쓰려면?

고객스토리는 누가 봐도 바로 사업의 성과와 연결되는 것이어야 한다. 그저 고객의 호기심이나 편의를 봐주는 정도가 아니라, 그렇게 했을 경우 사업의 성과(매출이나 고객의 브랜드에 대한 옹호가 상승하는 효과)가 있을 것이라고 유추할 수 있어야 한다. 이것은 사업 담당자들이 쉽게 평가할 수 있다. 마케터의 입장에서는 보다 특색 있고, 기발한 마케팅 아이디어를 제시할 수도 있지만 사업 성과에 긍정적 영향을 줄 수 없는 것이라면 아무리 특색이 있고 기발해도 좋은 마케팅이라 할 수 없다. 그래서 철저히 고객의 입장에서 쓰인 스토리를 활용하는 것이다.

늘 그렇지만 이렇게 사업성과의 관점에서 보게 되면, 모든 고객스토리가 다 실행 과제로 채택되지는 못한다. 아무리 그럴듯한 고객스토리라 할지라도 소위 '승인기준Acceptance Criteria'에 미치지 못하면 선택받지 못한다. 승인기준이 있어야 고객스토리가 실행 가능한 것인지 아니면 그저 뜬구름 잡는 이야기에 그치는 것인지를 판단할 수 있다.

가령 앞서 사례로 제시한 신선 식품 재료와 관련한 고객스토리를 보자. 이 고객스토리가 추상적 구호로 그치지 않고 실행 과제로 채택되기 위해서는 다음의 승인기준이 필요하다.*

기술적 관점

① 현 기술 역량으로 실행 가능한가?

② 기존 시스템에 통합 가능한가?

③ 효과가 측정 가능한가?

브랜드 관점

① 고객의 가치, 고객 유지, 브랜드 충성도를 향상시키는가?

② 온/오프라인 캠페인의 ROI를 측정할 수 있는가?

③ 고객 반응률response rate을 향상시키며, 또 그것을 측정할 수 있는가?

효율성 관점

① 다른 고객스토리에 비해 자원 효율적으로 캠페인이 가능한가?

② 사이클 타임을 줄일 수 있는가?

③ 마케팅과 영업 비용을 줄일 수 있는가?

④ 고객 획득customer acquisition 비용을 줄일 수 있는가?

---

* 'Agile Marketing Automation', automatr.com 참조

물론 고객스토리에 대한 승인기준은 획일화된 것이 아니고 기업의 상황에 따라 다를 수 있다. 하지만 일반적으로 기술적 가능성, 브랜드에 미치는 영향 그리고 효율성 등의 관점에서 승인기준을 정하는 경우가 많다. 이렇게 고객스토리에 승인기준이라는 잣대를 들이대면, 즉시 실행이 가능한지 혹은 좀 더 상세하게 분해해야 하는지 아니면 아예 폐기해야 하는지 등을 판단할 수 있다.

고객스토리를 만드는 방식에는 정도가 없다. 가능하다면 실제 고객과 함께, 그것이 어려울 경우에는 마케터와 관련 이해관계자들이 모여

<그림 III—13> 유저스토리 브레인스토밍 예시

출처: 'User Stories: As a [UX Designer] I want to [embrace Agile] so that [I can make my projects user—centered]' by MURIEL DOMINGO

고객여정상 어떤 터치포인트에서 어떤 어려움을 겪고 있는지를 파악하여 어떻게 개선하면 좋은지에 대한 다양한 아이디어를 브레인스토밍 형태로 만들어 낸다. 이때 각자 포스트잇에 정해진 고객스토리 포맷으로 아이디어를 적어서 제출하면 된다.

물론 최종적으로는 승인기준에 따라 실행 가능 여부를 판단하겠지만 그 전에 개인별로 고객스토리를 적을 때에도 정해진 포맷 외에 고객스토리가 갖추어야 할 원칙이 있다. 가장 일반적으로 통용되는 원칙은 INVEST의 앞 글자를 따 여섯 가지로 설명할 수 있다.*

① Independent(독립적)

이 말은 고객스토리가 기능적으로 독립적이어야 한다는 의미는 아니다. 두 개의 고객스토리가 기능적으로는 서로 영향을 미칠 수 있다. 예를 들어 동일한 페르소나와 동일한 제품에 대한 고객여정 5A(Aware→Appeal→Ask→Act→Advocate)에서 Ask(질의) 단계에 있는 고객의 pain point를 해소하기 위한 고객스토리와 다음 단계인 Act(구매 행동) 단계의 pain point를 해소하기 위한 고객스토리는 기술 혹은 기능 면에서 서로 연계될 가능성이 높다. 아무래도 Ask 단계 pain point에 대한 해결 방안이 다음 단계인 Act의 pain point 해소 방안에 영향을 미칠 수 있다. 그러나 기능적으로는 상호 영향을 줄 수 있지만 창출하는 고객 가치 관점

* 『Leading Agile Teams』, Doug Rose

에서 '독립적'이어야 한다는 의미다. 다시 말해서 고객 경험의 질을 높인다는 관점에서 봤을 때는 Ask의 pain point가 해결되지 못해도 Act의 pain point를 해결하면 그것 자체로 고객이 느끼는 가치가 있어야 한다는 의미이다.

② Negotiable(협상 가능)

Negotiable이라는 단어의 의미는 확정된 것이 아니라 협상을 통해 변경이 가능하다는 의미다. 말 그대로 고객스토리는 확정되었다고 해서 변경이 불가능한 것이 아니고 언제든 새로운 변화에 의해 변경 가능하여야 한다. 그렇다면 누구와 누가 '협상'을 하는 것일까? 이 경우에는 애자일마케팅 팀과 고객 혹은 고객의 입장을 대변하는 사업부 담당자 간의 협상이다. 그렇기 때문에 협상이라기보다는 대화라고 하는 것이 더 정확한 표현이 될 것이다.

③ Valuable(가치 있는)

당연한 말이지만 고객스토리는 철저히 고객 가치를 향상시키고 나아가 비즈니스 성과를 향상시키는 것이어야 한다. 고객스토리가 창출하는 가치가 불분명하다면 수많은 고객스토리의 우선순위를 정할 수도 없고, 고객스토리 과제를 성공적으로 완료했는지 여부도 판단할 수 없다.

④ Estimable(예측 가능)

애자일마케팅 팀이 고객스토리를 구현하는 데 필요한 작업을 예측할 수 없다면, 대부분 고객스토리가 너무 추상적이거나 범위가 넓어서 구체적인 작업이 명확하게 도출되지 못한 경우이다. 고객스토리는 크기가 작을수록 설명이 명확하다. 고객스토리를 만들 때, 이것이 구현되기 위해 어떤 작업이 실행되어야 하는지를 명확하게 제시할 수 있는 수준으로 만들어야 한다. 그렇다고 고객스토리 내에 실행 작업들을 세세히 써넣으라는 것은 아니다. 고객스토리를 토대로 마케팅 팀이 구체적 실행 작업을 도출할 수 있을 만큼 고객스토리가 구체성을 띠어야 한다는 것이다.

⑤ Small(적당히 작은)

이 원칙은 앞의 Estimable과도 밀접하게 연결되어 있다. 고객스토리는 통상 one—sprint(1주 이상 4주 이내) 안에 실행될 수 있어야 한다. 그러니까 그 정도로 적당한 크기여야 한다는 것이다. 고객스토리가 너무 광범위한 대상을 다루게 되면 애자일마케팅 팀이 한 스프린트 안에 고객스토리 구현을 위한 작업을 예측할 수 없을 것이다. 이런 면을 고려하여 고객스토리를 만들어야 한다.

⑥ Testable(테스트 가능)

'테스트 가능'이라는 원칙은 주관적인 단어보다 객관적인 단어로 고객스토리를 만들어야 한다는 의미이다. 가령 '빠른', '편리한'과 같은 용

어들은 상대적인 가치를 갖는 주관적인 단어이다. 그렇기 때문에 객관적으로 어떤 조치를 취해야 하는지가 불명확하다. 그러므로 고객스토리에 이런 단어들을 사용할 때는 '경쟁자보다 두 단계 줄여서 편리하게' 혹은 '2~3분 안에 완료 가능할 정도로 빠르게' 등 객관적인 관점에서 설명하는 것이 바람직하다.

이렇게 여섯 가지 원칙에 의해 만들어진 고객스토리는 유사한 것들끼리 묶을 필요가 있다. 하나의 터치포인트에 대해 여러 개의 고객스토리가 만들어진 경우라면 터치포인트를 중심으로 스토리를 묶을 수 있고, 고객여정의 특정 단계 혹은 특정 페르소나를 중심으로 관련 있는 고객스토리를 묶을 수도 있다. 이런 고객스토리 묶음은 마케팅 백로그Backlog에 차곡차곡 쌓이게 된다.

6

고객스토리가 모이는 마케팅 백로그Backlog

백로그Backlog란, 사전적 의미로 '밀린 일' 혹은 '재고'라는 뜻이다. 애자일마케팅에서 '마케팅 백로그'란 처리해야 할 다양한 마케팅 과제라고 이해하면 된다. 다양한 고객스토리는 마케팅 백로그에 보관된다. 마케팅 백로그는 관련된 소프트웨어를 활용해 컴퓨터에 작성하고 보관할 수도 있지만, Kanban(우리나라 '간판'의 일본식 발음)이라는 것을 활용해서 그냥 벽에 간판처럼 아날로그 스타일로 만들 수도 있다.

여기서는 마케팅 백로그가 어떻게 만들어지고, 실행되기까지 어떤 과정을 거치는지 살펴볼 것이다. 왜냐하면 마케팅 백로그가 결국은 SFC 워크숍의 최종 산출물이고, 고객스토리와 함께 애자일마케팅 전략에서 운영으로 넘어가는 가교이기도 하기 때문이다.

<그림 III—14> 마케팅 백로그 예시

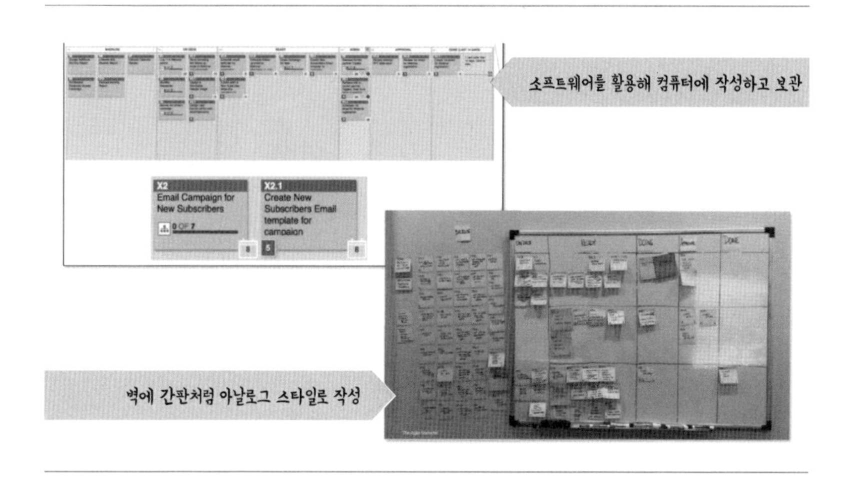

이 과정을 설명하기 위해서는 스크럼 방식이라고 하는 애자일마케팅 운영 단계에서 첫 번째로 시행하는 '스프린트 플래닝 미팅Sprint Planning Meeting'에 대해 우선 알아야 한다. 스크럼 방식과 스프린트 플래닝 미팅은 뒤에서 상세히 설명하겠지만, 여기서는 SFC 워크숍의 최종 산출물인 마케팅 백로그와 스프린트 플래닝 미팅의 산출물인 '애자일마케팅캔버스'의 관계를 잘 설명하기 위해 필요한 부분만 미리 살펴보자.

스프린트 플래닝 미팅은 애자일마케팅 운영 방식에 가장 보편적으로 쓰이는 스크럼 방식에 존재하는 4가지 핵심 회의체 중 하나이자, 전략과 운영을 연결해주며 가장 먼저 시작되는 회의체이기도 하다.

<그림 III—15> 스프린트 플래닝 미팅 개요

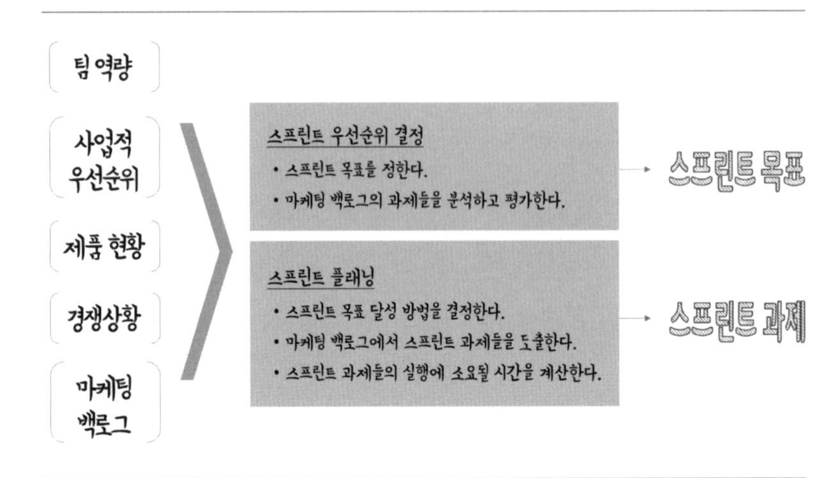

출처: Jim Ewel Blog

스프린트는 1주 이상 4주 이하의 기간에 실행되는 프로젝트라고 설명한 바 있다. 스프린트를 계획하기 위한 미팅에는 사전에 현재 팀의 역량(인원, 시간 투입 등), 보다 상위 사업적 관점에서의 전략적 우선순위, 제품들의 현황, 경쟁자 현황 그리고 애자일마케팅 전략을 통해 도출된 마케팅 백로그 등이 인풋된다.

스프린트 플래닝 미팅에서는 크게 두 가지 스프린트의 목적Goal과 과제(스프린트 백로그)가 정해져야 한다. 어떤 이유에서 무엇을 달성하기 위해 스프린트가 시작되고 그 스프린트 기간 동안 해야 할 과제들이 무엇인지를 정한다는 것이다. 인풋이 되는 마케팅 백로그 중 우선순위가 높은 것을 선별하여 이를 1~4주의 스프린트 기간 안에 실행할 수 있도

록 세분화한 것이 아웃풋인 스프린트 백로그가 된다.

회의를 어떻게 운영할 것인지는 뒤에서 설명하고 여기서는 고객스토리가 어떻게 마케팅 백로그화되고 또 마케팅 백로그에서 어떻게 스프린트 백로그가 도출되는지, 스프린트 백로그는 어떻게 표현되는지 등에 대해 알아보자. 다시 한번 강조하지만 이 부분을 명확히 이해하는 것이 애자일마케팅에서 매우 중요하다.

앞에서 마케팅과 관련된 다양한 이해관계자들이 SFC 워크숍을 통해 little strategy를 수립하고 그 결과로 고객스토리가 개발되고 이것들을 그루핑해서 마케팅 백로그를 만든다고 했다. 가령 지금 여러분들이 읽고 있는 이 책을 마케팅한다고 생각해 보자. 이 책을 기업 마케터들을 대상으로 마케팅한다면 SFC 워크숍에서 다음과 같은 구체적인 활동들이 일어난다.

① 페르소나 도출: 잠재 고객들이 될 수 있는 기업의 마케터들에 대한 페르소나를 도출하고,
② 고객의사결정여정 도출: 이들이 어떤 경로를 통해 이 책에 접근할 수 있는지 CDJ를 그려내고
③ 핵심 터치포인트 도출: CDJ의 각 단계에서 어떤 터치포인트를 거치는지 찾아낸 후,
④ 고객스토리 개발: 각 터치포인트에서 고객의 경험을 어떻게 향상

시킬 것인지를 고객 관점에서 서술하는 것이 고객스토리이다.

⑤ 마케팅 백로그 개발: 각각의 고객스토리를 그루핑하여 마케팅 과제화한다.

이렇게 다음과 같은 마케팅 백로그가 완성되었다고 가정해보자.

애자일마케팅 책을 완성한다.

대면 프로모션을 실행한다.

디지털 캠페인을 계획하고 실행한다.

가장 중요한 웹 페이지 30%를 업데이트한다.

Non—profit 캠페인(공익광고)을 기획하고 실행한다.

SFC 워크숍의 create 단계에서는 최종적으로 이러한 마케팅 백로그를 개발한다.

그러면 다음으로는 애자일마케팅 운영 단계의 첫 번째인 스프린트 플래닝 미팅에서 스프린트의 목적과 함께 스프린트에서 다룰 과제들의 백로그가 만들어지는데 이 스프린트 백로그는 앞서 언급했듯이, 마케팅 백로그 중에서 우선순위가 높은 것들을 더욱 상세하게 세분화하여 만들게 된다.

다시 사례로 돌아가서 마케팅 백로그 중에 '디지털 캠페인을 계획하

고 실행한다.'라는 과제의 우선순위가 높다고 판단하여 이에 대해 다음과 같은 스프린트 백로그를 개발한다고 가정해 보자.

① 책에 대한 랜딩페이지 및 그 외 다양한 디지털 지원을 실행한다.

② 책에 대한 종합적 온라인 프로모션 계획을 세운다.

③ 새 웹 페이지에 대한 업데이트, 테스트, 오픈을 시행한다.

이렇게 나온 스프린트 백로그는 하나의 스프린트, 즉 1~4주 안에 수행되어야 할 과제들이 된다. 이렇게 개발된 스프린트 백로그는 실행이 기능하도록 '애자일마케팅캔버스'에서 보다 상세하게 정리된다.

<그림 III—16> 마케팅 백로그, 스프린트 백로그, 애자일마케팅캔버스의 관계

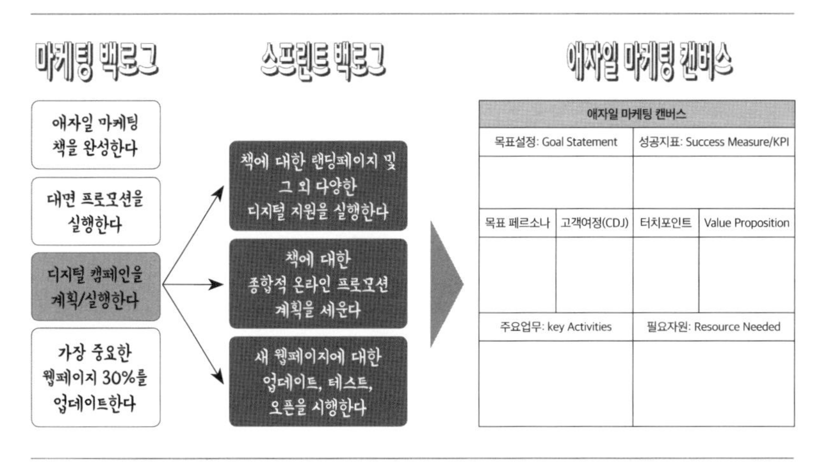

스프린트 플래닝 미팅의 최종 산출물, 애자일마케팅캔버스

애자일마케팅캔버스는 다음 표에서 보듯이 목표 고객에 대한 페르소나, 고객여정, 터치포인트, 마케팅 캠페인을 통해 창출하려는 고객 가치, 캠페인을 위한 상세 작업, 목표/KPI 등으로 구성되어 있다.

<그림 Ⅲ—17> 애자일마케팅캔버스 개요

<table>
<tr><th colspan="4">애자일 마케팅 캔버스</th></tr>
<tr><td colspan="2">목표설정: Goal Statement</td><td colspan="2">성공지표: Success Measure/KPI</td></tr>
<tr><td colspan="2">스프린트를 통해서 달성하고자 하는
애자일마케팅의 목표를 상세히 정리</td><td colspan="2">애자일마케팅의 목표 달성 여부를
측정할 수 있는 성과지표 도출</td></tr>
<tr><td>목표 페르소나</td><td>고객여정(CDJ)</td><td>터치포인트</td><td>Value Proposition</td></tr>
<tr><td>어떤 페르소나를
가진 고객을
타겟으로 하는지 정리</td><td>고객여정 중
어느 단계를
대상으로 하는지 정리</td><td>고객여정의 특정
단계에서 어떤
터치포인트를
대상으로 하는지 정리</td><td>어떤 고객경험을
어떻게 향상시킬
것인지 정리</td></tr>
<tr><td colspan="2">주요업무: key Activities</td><td colspan="2">필요자원: Resource Needed</td></tr>
<tr><td colspan="2">해당 스프린트에서 실시될 스프린트 백로그에
대한 보다 상세한 Task 정리</td><td colspan="2">해당 스프린트에 투입될 팀과 시간,
기타 필요한 자원 등 정리</td></tr>
</table>

목표 설정Goal Statement 칸에는 해당 스프린트를 통해서 달성하려는 목표를 상세히 서술하여야 한다. 목표를 달성하였는지 아닌지 측정할 수 있는 성과 지표들도 명확히 설정한다. 칼럼에서는 SFC 워크숍을 통해 만들어진 little strategy를 요약한다. 페르소나와 고객여정, 터치포인트, 고객에게 제공하고자 하는 가치 등을 정리하고 마지막 칼럼의 주요업무 칸에는 스프린트 백로그에 있는 과제들을 수행하기 위해 보다 세

부적인 Task들을 정리한다. 필요 자원 칸에는 스프린트를 직접 수행할 기능 횡단적인cross-functional 스크럼 팀과 스프린트에 소요되는 시간 등을 적는다.

이를 통해 애자일마케팅캔버스는 자칫 상위 업무와의 연관성을 잃어버릴 수 있는 스프린트 백로그가 어떤 전략적 이유로 어떤 상위 업무들과 연결되어 있는지를 분명하게 나타내준다. 비록 1~4주라는 짧은 시간에 실행해야 하는 작은 단위의 업무이지만, 전체 전략에서 차지하는 중요도 그리고 전방과 후방 업무와의 연계성 등을 충분히 인지하고 거기에 맞추어 과제를 수행할 수 있도록 이끌어 주는 역할을 한다. 더불어 수행 업무와 필요 자원 등을 상세하게 도출함으로써 스프린트 백로그의 실행과 관리를 용이하게 해준다.

애자일마케팅의 운영 단계에서 수행되는 매 스프린트마다 이런 애자일마케팅캔버스가 하나씩은 있어야 한다. 스프린트는 비록 기간은 짧아도 완벽한 하나의 프로젝트이기 때문에 목표와 KPI, 주요 업무, 자원 등 애자일마케팅캔버스에 명기된 사항들을 명확히 정의하여야 수행할 수 있기 때문이다. 이렇게 스프린트에서 실행되어야 할 과제, 즉 스프린트 백로그 각각에 대해 애자일마케팅캔버스를 완성하게 되면, 애자일마케팅은 이제 본격적인 실행 단계로 접어든다.

IV

애자일마케팅 (2) 운영

1
애자일마케팅 운영의 핵심, 스크럼Scrum과 스프린트Sprint

애자일마케팅 운영, 스크럼 방식

불확실한 시장 환경에 고객들의 니즈는 정해진 패턴 없이 수시로 변하고, 경쟁자들의 움직임 또한 예상을 벗어나기 일쑤이다. 어디 그뿐이랴, 시장을 둘러싼 정치, 거시/글로벌 경제 등 기업의 입장에서는 전혀 영향력을 끼칠 수 없는 요소들도 태풍이 불어닥친 바다처럼 요동친다.

이런 환경에서 명확한 목표를 미래에 고정시켜 놓고 초지일관 그것만 추구하는 방식은 오히려 실패의 리스크를 가중시킬 뿐이다. 유연하고 민첩하게 요동치는 변화의 물결을 타고 흘러가는 것이 보다 전략적인 방법이다. 그래서 앞에서 살펴본 것처럼 기업이 나가야 할 방향을 정하는 전략도, 그것이 사업 전략이건 마케팅 전략이건 간에, 오랜 시

간을 투자하지 않고 워크숍을 통해 민첩하게 개발해야 한다.

그렇다면 그렇게 민첩하게 개발된 전략을 어떻게 실행할 것인가? 전략은 민첩하게 '개발'해 놓고 정작 '실행'은 과거의 관행대로 한다면 모든 것이 도로 아미타불이 되고 말 것이다. 그래서 애자일마케팅에서는 민첩한 전략의 개발도 중요하지만 그보다 더 중요한 것이 바로 민첩한 실행, 즉 애자일마케팅의 '운영'이다.

운영은 전략 개발보다 더 복잡하다. 본질적으로 따지자면, 전략은 그저 아이디어에 지나지 않는다. 물론 그 중요성이야 두말하면 잔소리일 만큼 크지만, 결국은 필요한 정보와 의견의 교환을 통해 인간의 머릿속에서 잘 정리되어 도출되는 아이디어이다. 그러나 실행, 즉 운영은 전혀 다르다. 참여자들 간의 상호작용, 즉 활동을 통해 전략이 요구하는 최종적 결과물을 만들어 내야 한다. 그리고 그 결과물은 단순한 아이디어가 아니라 손에 잡히는 것이어야 한다. 그러므로 애자일마케팅의 핵심 성공 요소가 무엇이냐고 묻는다면, 당연히 '운영'이라고 답할 수밖에 없다.

중요성이 높은 만큼 애자일마케팅 운영에는 다양한 도구들이 있다. 하지만 모든 도구를 다 활용해야 좋은 것은 아니다. 조직의 크기, 환경, 프로젝트 성격 등에 따라 유연하게 또는 민첩하게 적용하면 된다. 오히려 자신들만의 특성에 맞는 독특하고 독자적인 애자일마케팅 운영 방

식을 갖추고 있고 그것이 효과를 창출한다면 그보다 더 좋은 것은 없을 것이다. 그러나 아무래도 애자일 방식을 처음 도입하는 기업의 경우에는 먼저 애자일 방식을 실행하여 성과를 내고 있는 기업들의 경험을 참조하고 싶을 것이다. 그런 관점에서 애자일마케팅 운영 방식 중 다른 것보다 더 보편화된 방식, 즉 기업들이 큰 무리 없이 활용하고 있는 몇 가지 운영 방식들을 알아보자.

애자일마케팅은 애자일 소프트웨어 개발에서 파생되었기에 운영 방식도 애자일 소프트웨어 개발에서 건너온 스크럼Scrum 방식이 다른 것보다 더 보편화되어 있다. 스크럼 방식은 애자일 전문가인 제프 서덜랜

<그림 IV—1> 애자일 방식, 스크럼(Scrum) 개요

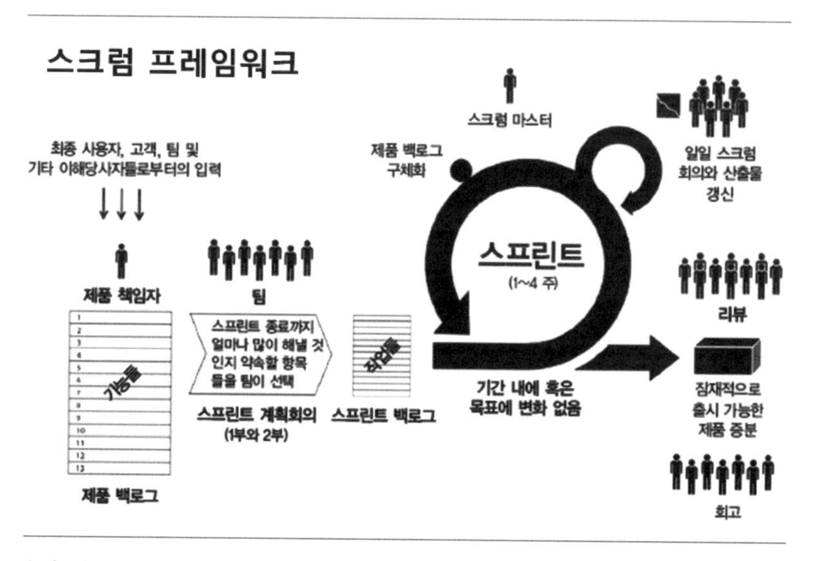

출처: 제프 서덜랜드, The Scrum Papers: Nut, Bolts, and Origins of an Agile Framework

드와 그의 동료이자 유명 프로그래머인 켄 스와브에 의해 개발된 방법론이다.

애자일마케팅 운영에서도 스크럼 방식을 대부분 활용할 수 있다. 그림에서 보듯이, 스프린트 백로그에 정리된 과제들을 스크럼 팀이 맡아서 1~4주의 스프린트를 통해 실행한다. 이때 매일 스탠트 업 미팅을 통해 과제의 진도와 이슈 등을 체크하고, 스프린트가 마무리되면 비슷해 보이나 목적이 다른 '리뷰Review 회의'와 '회고Retrospective 회의'를 하게 된다.

이렇게만 보면 매우 간단해 보이지만 직접 운영해 보면 보기와 달리 복잡하다. 그러므로 스크럼 팀을 어떻게 구성하는지, 팀의 역할과 책임은 어떻게 되는지 등을 잘 알고 연습을 통해 숙련해야 한다. 스크럼Scrum 방식 외에 칸반Kanban, 스크럼반Scrumban 등의 방식들도 있는데 순차적으로 알아볼 것이다.

왜 스크럼Scrum일까?

스포츠에 관심 있는 사람들은 잘 알다시피 스크럼은 럭비Rugby에서 사용하는 용어다. 럭비는 영국에서 탄생한 스포츠로서 손과 발을 다 쓸 수 있고, 상대방에게 노골적인 태클이 허용되는 등 매우 격렬하다. 그러므로 한 명의 특출한 선수만으로는 득점을 하기 어렵다. 이런 이유로

잘 짜인 팀워크는 필수다. 이런 럭비 경기에서 쓰는 팀의 대형이 스크럼이다. 스크럼은 한 팀의 선수들이 서로 팔을 건 상태에서 상대 팀을 앞으로 밀치는 대형이다. 경기에서 사소한 반칙이 발생됐을 때 양 팀 선수들이 대형을 형성해 가운데 있는 공을 발로 빼앗는 것을 목표로 한다. 이때 스크럼은 쉽게 무너지지 않는 대형, 잘 짜인 팀이라는 의미가 있다.

그러나 제프 서덜랜드의 말에 따르면, 그들이 직접 스크럼이라는 용어를 생각해 낸 것은 아니라고 한다. 스크럼 팀이라는 용어는 1986년 〈하버드 비즈니스 리뷰Harvard Business Review〉에 실린 일본의 히로타카 타케우치와 이쿠지로 노나카 교수의 '새로운 신제품 개발 방식The New Product Development Game'이라는 논문에서 차용한 것이다. 두 일본 교수는 제품을 개발하는 새로운 방식과 조직의 사례를 들면서 "최고의 팀은 스크럼 플레이를 하는 럭비 팀처럼 움직인다. 서로 공을 주고받으면서 팀이 하나 돼 움직이면서 필드를 나아간다."라고 표현했다.*

출처: rucbytoday

* 『스타트업처럼 생각하라』, 제프 서덜랜드

애자일 운영 방식의 근간을 이루는 팀을 스크럼이라고 부르는 데에도 그런 의미가 있다. 애자일마케팅이든 소프트웨어 개발이든, 이를 실행하는 주체들은 모두 다양한 기능 부서에서 차출되어 왔기 때문에 서로 다른 배경과 다른 전문성을 가진 인력들이다. 다시 말해 기능 횡단적인Cross-functional 한 팀이다.

다른 배경과 전문성을 가진 팀이 민첩하게 움직이려면 팀 내부 결속이 무엇보다 중요하다. 럭비처럼 강력한 스크럼을 짜고 불확실한 환경에 대응할 수 있는 결속력이 필요하다. 그런 의미에서 애자일 운영에 있어 근간이 되는 팀을 스크럼 팀이라고 부른다. 그러나 그런 스크럼이라는 용어도 시간이 지나면서 의미를 확장해 나가기 시작한다. 스크럼이 하나의 결속력 강한 팀을 의미하는 것을 넘어 애자일 운영 방식을 일컫는 용어로 진화한 것이다.

적어도 마케팅 영역에서는 넘쳐 나는 데이터와 일상적인 마케팅 활동을 돕는 마케팅 자동화 등 다양한 기술들이 도입되면서 디지털 마케팅이 점차 데이터 중심, 정량적, 반복적 방식으로 진행되고 있다. 그리고 이러한 방식들을 기업들이 적용하면서 성공적인 마케팅 캠페인을 전개시키고, 리스크를 감소시키기 위해 애자일한 운영 방식으로서의 스크럼 도입을 권장하고 있다. 이처럼 애자일마케팅에서 언급하는 스크럼 방식은 단순히 결속력 강한 팀이라는 의미를 넘어 마케팅과 다른 기능(영업, 생산, 물류 등) 간의 연계성을 향상시키고 마케팅 팀뿐 아니라 외

부 팀과의 원활한 커뮤니케이션을 가능하게 하고 또한 디지털 마케팅 속도를 향상시키는 데도 톡톡히 한몫하는 최신 운영 방식이라는 의미를 가진다.

스크럼 방식 이전에는 마케팅이건 소프트웨어 개발이건 사전에 완벽한 기획을 하고 나서 실행 즉 운영 단계로 들어갔다. 그렇기 때문에 사전 기획에서는 언제나 완벽한 정보들을 반영하려고 노력했다. 기획이 부실하면 실행도 당연히 부실해질 테니 말이다. 완벽한 기획이 완벽한 결과를 만든다고 생각한 것이다. 그러나 현실은 생각과 많이 달랐다. 아무리 사전에 완벽한 기획을 했더라도 실행을 하는 동안 언제나 새로운 변수들이 생겨났고 애초에 기획한 프로젝트는 마치 살아 있는 생물처럼 점점 사이즈가 커지고 복잡하게 변해갔다. 이러한 현상은 어렵지 않게 어디서나 찾아볼 수 있다. 이런 현실적인 상황이 스크럼이라는 방식을 탄생시켰다. 제프 서덜랜드는 다음과 같이 스크럼의 유효성을 주장했다.*

> 스크럼은 단순한 아이디어를 기반으로 한다. 왜 사람들은 프로젝트를 진행할 때, '올바른 방향으로 가고 있는지, 이것이 사람들이 진정 원하는 것인지'에 대해 정기적인 리뷰를 하지 않는 것인가? 이러한 단순한 목표를 가능케 만들기 위해서 스크럼은 투명한 문화, 검사,

* 『스타트업처럼 생각하라』, 제프 서덜랜드

적용을 포함한 프레임워크를 제시한다.

스크럼은 두 개의 기본적인 구성 요소를 갖추고 있는데 회의체와 역할이다. 회의체는 스크럼 팀이 진행하는 작업을 일상적으로 관리할 수 있게 해준다. 기본적으로 크게 네 가지 회의 유형을 가지고 있다. 스프린트 플래닝 미팅, 데일리 스탠드업 미팅, 스프린트 리뷰 미팅, 스프린트 회고 미팅 등이다.

사원이 대리에게, 대리가 과장에게 보고하는 수직적 회의와 달리 스크럼 회의는 업무 내용을 자유롭게 이야기하며 자신이 맡은 일과 공동 프로젝트에 대해 집중할 수 있도록 한다. 스크럼 회의는 회의에 투입되는 불필요한 에너지를 줄여 프로젝트를 효율적으로 관리하는 데 도움을 준다. 실제로 우리나라에서도 각종 언론 보도에 따르면, 유명 IT 기업들이 스크럼 방식의 회의를 속속들이 도입하는 추세이다. 따로 회의실을 잡거나 서류를 통해 업무 내용을 보고하지 않고, 앉은 자리에서 일어나 구두로 업무 내용을 구성원들과 공유하는 식이다. 이런 현상을 보면 비록 아직까지는 애자일 운영 방식 전체를 도입한 것은 아니지만 회의 운영 방식부터 서서히 애자일의 영향이 미치고 있다는 것을 실감할 수 있다.

다음은 스크럼 팀 내의 역할이다. 스크럼 팀의 역할과 책임은 분명하게 구분이 된다. 소프트웨어 개발론에 제시된 스크럼 팀 내 역할을

보면, 프로덕트 오너, 스크럼 마스터, 개발자로 나뉜다. 애자일마케팅의 경우 소프트웨어 개발에서의 역할에 대한 큰 원칙은 따라가지만, 아무래도 마케팅의 특성을 살려 역할을 조금씩 조정한다. 이는 뒤에서 상세히 설명하겠다.

이러한 두 개의 구성 요소들을 통해, 애자일마케팅의 스크럼은 반복적인 과정으로 짧은 마케팅 경험을 가능케 하고 계속적인 피드백을 받을 수 있도록 한다. 또한 계속해서 변화하는 시장에 적절히 대응할 수 있도록 한다.

폭발적인 질주, 스프린트Sprint

애자일마케팅 운영 방식인 스크럼 방식에서 핵심적인 개념이 바로 스프린트sprint다. 스프린트 역시 스크럼과 마찬가지로 스포츠 용어다. 아무래도 애자일 방식이 업무 수행에 있어 민첩함을 의미하다 보니 구성 개념들을 스포츠에서 많이 차용하는 게 아닌가 생각한다. 어떤 스포츠이건 민첩함은 필수적 요건이니 말이다.

스프린트는 사이클 경기 가운데 한 종목의 명칭이기도 하지만 보편적으로 육상 등에서 순발력이 좋고 출발 속도가 빠른 것을 뜻하기도 한다. 특히 사이클의 스프린트는 올림픽 정식 종목으로 2~4명씩 선수들이 일정 거리의 트랙을 2~3바퀴 돌아 결승선을 가장 먼저 통과하는 선

수가 승리하는 경기이다. 보통 1바퀴를 남겨 놓고 선수들이 전력 질주한다. 대개 마지막 200m 정도의 거리에서 승부가 나는 경우가 많아 200m 거리의 순간 속도가 빠른 선수들이 승리할 확률이 높다. 그래서 이름도 이런 특성을 반영하여 스프린트sprint라고 지은 것이다.

그러면 이런 스프린트가 애자일마케팅 운영 방식 중 하나인 스크럼 방식에서는 어떤 의미로 쓰이는 것일까? 스크럼 방식에서 스프린트는 '특정 업무들이 시작되어 완결되는 작은 프로젝트의 수행 기간'이라는 의미로 쓰인다. 애자일의 원조인 소프트웨어 개발 방법론에서는 '1주 이상 혹은 4주 이하로 최소 요건을 갖춘 제품MVP/Minimum Viable Product이 시장에 출시될 수 있도록 완성돼야 하는 기간'으로 명확하게 정의하고 있다.

이를 왜 스프린트라고 불렀는지 충분히 유추할 수 있을 것이다. 사이클 스프린트 경기에서 승부를 판가름 내는 마지막 200m 구간에 전 선수들이 마지막까지 비축해 두었던 에너지를 모아서 폭발적으로 질주하듯이 애자일 업무 방식(개발이건 마케팅이건 간에)에서도 정해진 1~4주 기간 동안 팀들이 프로젝트에 몰입하여 신속하게 업무를 수행해야 한

다는 의미가 내포되어 있다.

애자일마케팅에서는 수행하는 마케팅 캠페인의 성격에 따라 1~4주의 기간을 조정할 수 있다. 예를 들어 '웹사이트 개편'이라는 프로젝트라면, 첫 번째 스프린트는 2주간 기존 웹사이트 리뷰로 하고 두 번째 스프린트는 웹사이트의 새로운 프레임 구축으로 설정할 수 있다. 즉 하나의 큰 프로젝트를 우선순위와 작업 순서 등을 기준으로 나누어 설정할 수 있다.

또한 스프린트는 짧은 기간 팀들이 힘을 합해 폭발적으로 질주하는 것인 만큼 목표가 명확해야 한다. 그러므로 관련된 업무이기는 하나 특정 스프린트의 목표를 벗어나는 작업들에 대해서는 무시하고 목표에 집중한다. 이를 위해서 특정 스프린트 기간 동안 어떤 새로운 과제도 추가되어서는 안 된다는 원칙이 있다. 대신 해당 스프린트의 목표를 벗어나는 작업들 중 반드시 필요한 것들은 다음 스프린트에서 실행할 수 있도록 백로그에 기록해 둔다.

스프린트 기간 동안 주어진 목표가 바뀌지 않도록 하는 것은 스크럼 방식의 운영에 있어 매우 중요하다. 첫째, 팀은 목표가 바뀌지 않을 것임을 확신할 수 있기 때문에 과제를 완료하는 데 집중할 수 있다. 둘째, 프로젝트 오너는 스프린트에 마케팅 백로그 과제들의 우선순위를 매기고 스프린트에서 실행할 과제들을 선택할 때 보다 신중해질 수 있다.

그럼에도 불구하고 만약 외부 상황의 변화에 의해서 우선순위가 많이 바뀌어 진행 중인 스프린트가 무의미하게 된다면 팀은 스프린트를 중단할 수 있다. 팀이 스프린트를 중단하면 새로운 스프린트 플래닝 미팅을 다시 열어 새로운 스프린트를 계획할 수 있다. 그러나 이런 경우가 생기면 아무래도 팀의 심리적 동기가 떨어지고 애자일 방식의 원래 취지를 잃어버릴 수 있기 때문에 가능하면 사전에 방지할 수 있도록 이해관계자들이 노력해야 한다.

스프린트는 말이 근사하기는 하지만 결국 본질은 목표를 달성하기 위한 '프로젝트 단위 혹은 기간'을 의미하는 것이다. 그러므로 반드시 의미 있는 산출물을 스프린트 내에 만들어 내야 한다.

그러나 비록 원칙은 이렇다 하더라도 특정 스프린트 기간에 계획한 일을 다 마무리 짓지 못할 경우도 생긴다. 그럴 경우에도 스프린트는 정해진 기간 내에 끝내야 한다. 그리고 왜 주어진 스프린트 기간 안에 계획한 일들을 마무리하지 못했는지 원인을 파악하고 이를 다음 스프린트에 반영해서 다시 기간을 정하거나 아니면 팀의 일하는 방식을 바꾸거나 해야 한다. 일이 마무리되지 않았다고 스프린트 기간을 임의로 늘리면 정확한 스프린트 기간을 알 수 없을뿐더러 애자일이라는 취지를 살릴 수 없게 된다. 객관적인 기준에 의해 스프린트 기간을 정해 놓았다면, 개선을 통해 그 기간에 맞추도록 하는 것이 원칙이다.

2

스크럼 방식을 위한 네 가지 미팅

스크럼과 스프린트를 활용한 애자일마케팅의 운영에는 반드시 다음과 같은 네 가지 미팅이 필요하다.

① 스프린트 플래닝 미팅Sprint Planning Meeting

② 데일리 스탠드업/스크럼Daily Standup or Scrum

③ 스프린트 리뷰Sprint Review

④ 스프린트 회고Sprint Retrospective

이러한 미팅은 스프린트의 시작 전 단계인 '스프린트 플래닝 미팅'에서부터 스프린트가 진행되는 매일의 '데일리 스탠드업', 스프린트가 마무리되고 난 후의 '스프린트 리뷰/회고' 등으로 나뉘어 실행한다. 이 네

가지 미팅은 애자일마케팅 운영에서 매우 중요한 역할을 한다.

네 가지 미팅을 간단하게 살펴보자. 스프린트 플래닝 미팅은 통상 스프린트가 시작되기 2~3일 전에 개최하며 스프린트 백로그의 우선순위와 업무 범위 결정, 팀과 개별 팀원들의 가용성availability 산정, 스프린트에서 수행할 과제 결정, 팀원들에게 결정된 작업 배분, 스프린트 목표 선정/장애물이 도출된다. 이렇게 하나의 스프린트에서 진행될 사항들은 앞서 언급한 애자일마케팅캔버스에 일목요연하게 정리된다.

데일리 스탠드업/데일리 스크럼은 스프린트가 진행되는 동안 매일 아침 15분 미만으로 진행하는 미팅으로 각 팀원들은 어제 수행한 업무, 오늘 수행할 업무, 업무 수행 중 직면한 장애, 팀원들에게 결정된 작업 배분 등의 사항을 공유한다.

스프린트 리뷰는 스프린트의 마지막 단계에서 스프린트에서 '무엇'을 수행했는지 리뷰하는 정보 공유 미팅이다. 다양한 관련 사업 책임자를 비롯한 이해관계자들을 초대하여 스프린트 기간 동안 달성한 진척사항이나 산출물을 제시한다. 그러나 파워포인트 등을 활용한 서류 프레젠테이션은 하지 않는다.

스프린트 회고에서는 리뷰 미팅 이후 혹은 연계하여 실행하는 1시간 미만 미팅으로 스프린트를 '어떻게' 수행했는지 회고한다. 목표와 실

제 결과 비교, 차질이 생긴 부분과 목표를 달성한 부분 토론, 다음 스프린트 시 개선을 위한 과제 설정, 효과가 있는 것과 효과가 없는 것에 대해 토론하고 필요한 수정/보완 사항 등을 도출한다.

<그림 IV—2> 스크럼에서 활용되는 네 가지 미팅

1) Sprint Planning Meeting	2) Daily Standup/Daily Scrum
스프린트가 시작되기 2-3일 전에 개최되어 2-3시간 진행	스프린트가 진행되는 동안 매일 아침 15분 미만으로 진행하는 미팅
본 미팅에서는 - 스프린트 백로그의 우선순위와 업무 범위 결정 - 팀과 각 개별 팀원들의 가용성(availabiility) 산정 - 스프린트에서 수행될 과제 결정 - 팀원들에게 결정된 작업 배분 - 스프린트 목표 선정/장애물 도출	본 미팅에서는 각 팀원들은 다음 세 가지 사항을 공유한다. - 어제 수행한 업무 - 오늘 수행할 업무 - 업무 수행 중 직면한 장애 - 팀원들에게 결정된 작업 배분 *스크럼 마스터의 한 가지 역할은 각종 장애로부터 팀을 보호하는 것이다. 개인차원이나 업무차원 등 스프린트 수행의 모든 장애를 제거하는 데 도움을 줄 의무가 있다.

3) Sprint Review	4) Sprint Retrospective
스프린트의 마지막 단계에서 스프린트에서 '무엇'을 수행했는지 리뷰하는 정보 공유 미팅이다.	리뷰 미팅 이후 혹은 연계하여 실행하는 1시간 미만 미팅으로 스프린트를 '어떻게' 수행했는지 리뷰한다.
본 미팅에서는 - 관련 사업 책임자를 비롯한 이해관계자들을 초대하여 - 스프린트 기간 동안 달성한 진척 사항이나 산출물을 제시한다. - 그러나 파워포인트 등을 활용한 서류 프레젠테이션은 하지 않는다.	본 미팅에서는 - 목표와 실제 결과 비교 - 차질이 생긴 부분과 목표를 달성한 부분 토론 - 다음 스프린트 시 개선을 위한 과제 설정 - 효과가 있는 것과 효과가 없는 것에 대해 토론하고 필요한 수정/보완 사항 도출

출처: 'The Complete Guide to Agile Marketing', Workfront

① 스프린트 플래닝 미팅Sprint Planning Meeting

스프린트 플래닝 미팅은 앞서 애자일마케팅 전략 파트에서 애자일마케팅의 전략과 운영을 연결해주는 역할을 중심으로 설명하였는데 여기서는 운영의 관점에서 어떻게 진행하는지 살펴보자.

스프린트 플래닝 미팅에서는 미팅의 이름이 알려주듯이 팀원들이 함께 모여 다음 스프린트에 무엇을 어떻게 해야 할지에 대한 세부 계획을 세운다. 그래서 플래닝 미팅은 무엇What을 할 것인지 정하는 파트와 어떻게How 할 것인지 정하는 파트로 나뉜다. 진행할 스프린트 기간에 따라 스프린트 플래닝 미팅의 시간도 정해진다. 통상 스프린트 기간 1주당 스프린트 플래닝 미팅의 각 파트도 1시간 이내로 제한한다는 원칙에 따른다. 가령 스프린트 기간이 2주로 정해지면 플래닝 미팅의 각 파트는 2시간이 넘지 않아야 한다. 이러한 원칙은 신속하고 민첩해야 한다는 애자일의 철학을 지키기 위해서다.

스프린트 플래닝 미팅 '파트 1'에서는 스프린트를 실행하는 목표를 설정한다. 스프린트의 목표는 그보다 상위에 있는 애자일마케팅 전략에서 추구하는 목표의 하위 목표로서 팀이 주어진 스프린트 기간 동안 하는 일들이 회사의 전체 마케팅에서 어떤 역할을 하는지 등이 규정된다. 이러한 목표가 없다면 마케팅의 최종적 목표를 달성하는 데 하등 도움이 되지 않아 업무에 시간을 낭비할 수 있기 때문에 스프린트의 목표 설정은 매우 중요하다.

다시 말해 '일을 올바로 하기 전에 어떤 일이 옳은 일인지를 먼저 결정한다'는 것이다. 한 스프린트에서의 목표는 애자일마케팅 팀이 함께 협업할 수 있도록 일관성 있는 것이어야 한다. 가끔 팀원들이 한 스프린트 안에서 관련 없는 업무를 수행하는 경우도 있는데 적어도 동일한 스프린트 내에서는 하나의 결승점을 향해 모두가 함께 간다는 것을 항상 잊지 말아야 한다.

목표와 함께 이를 달성하기 위해 스프린트 내에서 수행되어야 할 구체적인 과제들은 '파트 2'에서 도출된다. 이때 중요한 것은 과제를 수행하는 데 필요한 시간을 계산하는 것이다. 달리 말하면 스프린트 기간 동안 할 수 있는 업무의 양을 측정해야 한다. 뒤에서 자세히 설명하겠지만 스포티파이처럼 처음부터 애자일 조직으로 구축된 기업이 아닌 경우에 애자일마케팅 팀은 여러 부서에서 차출해 구성하는 경우가 많다. 자신의 소속 부서에서도 하는 일이 있는 상태에서 애자일마케팅 팀의 일원으로 스프린트 안에서도 새로운 업무가 생긴다. 그러므로 스프린트 내에서 어떤 과제에 얼마나 시간을 써야 하는지를 명확히 해야 할 필요가 있다.

스프린트와 관련된 업무를 수행하는 데 쓸 시간은, 회의를 참석하거나 메일을 보내거나 휴식하는 시간은 제외한 시간이다. 가령 어떤 기업의 경우 하루에 4~6시간 정도를 투자할 수 있다면 이것을 이번 스프린트에 대한 수행 케파Capacity로 생각할 수 있다.

스프린트의 목표와 수행 케파가 정해지고 나면 마케팅 백로그들을 기반으로 스프린트에서 수행할 과제들을 선정한다. 이런 과정을 통해 애자일마케팅 팀은 마케팅 백로그에 있는 과제들의 우선순위를 조정하게 된다.

마케팅 백로그에서 과제를 가져오기 전에 팀원들은 지난번 스프린트에서 나온 개선 과제를 어떻게 적용할 것인지를 논의하고 방안을 마련할 수도 있다. 그러고 나면 팀은 마케팅 백로그에서 스프린트 목표와 부합하는 과제를 선정하고 이를 세분화하는 작업을 한다. 이렇게 스프린트 동안 해야 하는 세분화한 마케팅 백로그 과제를 스프린트 백로그라고 한다.

그렇다면 애자일 팀의 작업 수행 케파에 맞추어 팀이 얼마큼의 스프린트 백로그를 처리하게 될지 어떻게 측정해야 할까? 이를 위해서는 스프린트 백로그에 해당되는 업무의 크기를 가늠하고 측정해야 한다. 그럼으로써 스프린트가 진행되는 차후 몇 주 동안 애자일마케팅 팀이 실제로 업무를 성공적으로 처리할 수 있는지 파악할 수 있다.

스프린트 백로그의 크기는 아무리 커도 정해진 스프린트 기간의 1/4 이내에 완수할 수 있을 정도나 그 이하로 세분화하는 것이 좋다는 원칙이 있다. 그렇게 하더라도 스프린트 플래닝 미팅에서 스프린트 백로그의 상세한 시간 단위까지 측정하기는 어려울 것이다. 이때는 비록 주관

적이고 임의적이기는 하지만 상대적 크기relative size, 예를 들어 티셔츠 사이즈처럼 —Xsmall, small, medium, large 등— 업무량을 측정하는 것이 효율적이다. 기업마다 이러한 상대적 측정 기준을 만들어서 스프린트의 상대적 크기가 어떻게 다른지 측정하면 대략의 기간을 도출할 수 있다. 각 팀원들의 세세한 업무 시간은 그 후에 측정하면 된다.

이렇게 스프린트의 목표와 과제가 명확해지면 애자일마케팅캔버스에 일목요연하게 정리하고, 마지막으로 팀이 스프린트 내에서 맡은 업무를 완수한다는 것을 약속해야 한다. 단순히 형식적으로 보일 수 있지만, 공동의 팀으로서 책임을 다하는 의미에서 중요하다. 더구나 스프린트가 시작되고 난 후에는 업무 내용을 바꾸거나 업무량을 더하거나 뺄 수 없기 때문에 사전에 팀원들의 약속은 중요한 의미를 갖는다.

이렇게 사전에 정해진 업무들이 모두 짧은 시간에 신속하고 민첩하게 수행되어야 할 과제들인 만큼 각자 자신이 맡은 임무를 제때 완료하지 못한다면 스프린트는 실패로 끝나기 쉽다. 애자일마케팅의 스프린트에서는 단 한 번의 실수라 할지라도 이를 만회할 수 있는 시간적 여유가 없기에 팀원들의 임무 완수에 대한 약속은 단순한 형식 이상으로 중요하다.

② 데일리 스탠드업 미팅Daily Standup Meeting

두 번째 스크럼 미팅이자 스크럼 방법론 중 가장 강력한 이벤트는

데일리 스탠드업 혹은 데일리 스크럼이다. 스프린트 중 매일 수행하는 회의로, 스프린트 목표에 기여하는 사람들만 참석한다. 데일리 스탠드업 미팅은 팀이 그저 자신이 수행한 일을 높은 직급의 관리자에게 보고하는 것이 아니다. 이 미팅은 자율적인 조직 내에서 무엇이 진행되고 있는지에 대해 서로 공유하고, 조정하고, 협력하는 시간이다.

각 팀원들은 자신의 진척 상황과 장애물에 대해 이야기한다. 철저히 15분 동안 진행되며, 스크럼 마스터가 주도하는데 미팅 이름 그대로 서서 하는 것을 적극 권장한다. 그만큼 시간을 효율적으로 진행한다는 의미이다. 데일리 스크럼 미팅에서 각 팀원들은 (1) 스프린트 목표를 이루기 위해 어제 무엇을 했는가? (2) 목표를 이루기 위해 오늘 어떤 일을 계획하고 있는가? (3) 목표를 이루고자 하는 개인 혹은 팀을 가로막는 장벽은 무엇인가? 등에 대해 이야기한다.

만약 15분 안에 마무리하지 못하고 추가 논의가 필요하다면 데일리 스탠드업 미팅을 마무리한 후, 필요한 사람들만 남아서 유사한 미팅을 할 수 있다. 이런 추가적인 미팅에는 관련된 사람들만 참석하면 된다.

스크럼 방식을 처음 도입할 때, '무엇을 어떻게 얼마나 잘 하는지' 보기 위해 관리자나 직급이 높은 사람들이 단순한 옵서버 자격으로 이 미팅에 참석하려는 경우가 있는데, 가능한 한 그런 일은 방지하는 것이 바람직하다. 아무리 단순한 옵시버라고 해도 처음 한두 번 정도의 참석

은 괜찮지만 너무 자주 참석하게 되면, 팀원들은 상위 직급의 관리자가 보고 있다는 것에 신경을 쓰게 되고, 팀은 매일 기대치에 대한 주요 진척도를 보고해야 한다는 압박을 느끼게 된다. 보다 엄격하게 말하면 상위 직급자뿐만 아니라 애자일마케팅 팀 소속이 아니거나 또는 소속이더라도 해당 스프린트 목표에 직접 기여하지 않는 사람은 데일리 스탠드업 미팅에 참석해서는 안 된다. 짧고 신속하게 결과를 창출해야 하는 스프린트인 만큼 관련자들이 집중해서 일할 수 있도록 환경을 조성해 주어야 하기 때문이다.

스크럼 방식에서 애자일의 취지를 살리기 위해, 팀 스스로 자율적 관리를 한다는 것은 아주 중요한 원칙이다. 이를 위해 데일리 스탠드업 미팅에서 팀원들은 각각 현재의 과제들이 얼마나 남았는지를 새로 추정하고 이를 팀 전체로 통합해서 '스프린트 번다운Burn down' 차트에 표시한다. 이 차트는 매일 팀이 완료할 과제가 얼마나 남았는지에 대한 업데이트된 추정치를 보여준다. 이상적으로 이 차트는 스프린트의 마지막 날에 남은 과제가 '0'이 되는 방향의 감소 그래프이다. 그런 이유로 번다운, 즉 소멸 차트burndown chart라고 부른다.

번다운 차트는 팀이 목표를 향해서 어느 정도 나아가고 있는지를 보여준다. 즉 팀이 과거에 얼마의 시간을 썼는지가 아니라 목표까지 과제들이 얼마나 남았으며 또 스프린트 기간은 얼마나 남았는지를 보여줌으로써 팀이 매일 어느 정도 과제를 수행해야 하는가를 가늠할 수 있

<그림 IV—3> 번다운 차트 예시

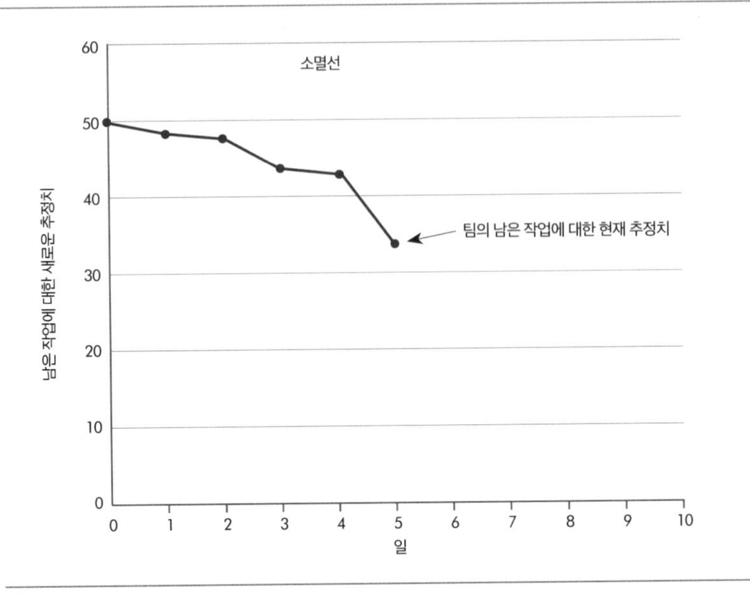

출처: 스크럼의 이론과 실천에 대한 가벼운 안내서 v2.0

도록 한다. 만약 번다운 차트의 그래프가 감소세가 아니라 증가세라면, 다시 말해 시간은 지나가는데 과제들이 줄지 않고 증가한다면 팀은 스프린트 목표를 달성하는 데 지장이 없는 한에서 일의 범위를 줄인다든가 또는 더 효율적으로 일할 수 있는 다른 방법을 찾아야 한다.

③ 스프린트 리뷰 미팅Sprint Review Meeting

스프린트 리뷰는 '스프린트 데모'로 불리기도 하는데 스프린트가 마무리될 무렵 이뤄지는 미팅이다. 스프린트 플래닝과 데일리 스탠드업 미팅과 달리, 스프린트 리뷰는 참석하고자 하는 모든 이들이 참석할 수

있다. 이 미팅에서 팀은 스프린트 동안 콘텐츠 제작, 소셜 미디어 포스트, 이메일 캠페인, 새로운 광고 집행 등 자신들이 어떤 것들을 성취했는지 발표한다.

이 회의에서는 품질 보증이나 수정에 대한 이야기가 오고 가지 않는다. 이미 완성됐거나, 승인된 업무에 대해서만 이야기한다. 만약 스프린트 기간 중 출시된 결과물이 있고 그에 대한 시장 반응이 있다면, 미리 수집한 예비 성과 지표를 공유해도 좋다. 그러나 이 미팅을 위해 파워포인트 프레젠테이션과 같은 멋진 자료를 준비할 필요는 없다. 실제 산출물을 가지고 미팅을 진행하면 된다.

스프린트 리뷰에선 다양한 이해관계자들의 관점을 통해 그들이 보고 판단하는 대로 스프린트 백로그를 수정할 수도 있다. 이해관계자들은 백로그의 우선순위를 조정하거나 아니면 예상하지 못한 성공 케이스를 다음 스프린트에서 반복하고자 할 수도 있다. 또는 더 이상 필요 없는 것으로 판명된 과제들을 백로그에서 제거할 수도 있다. 하여간 이 미팅을 통해 다음 스프린트에 영향을 미칠 수 있는 스프린트 백로그상의 수정/보완이 이루어진다.

그렇기 때문에 스프린트 리뷰 미팅 시에는 다음 스프린트를 염두에 두고 참석하는 것이 바람직하다. 다음 스프린트에서 포함될 과제나 단계를 고려하라는 것이다. 가령 이메일마케팅 육성을 위한 캠페인과 같

은 경우가 그렇다. 이런 유형의 캠페인은 한번의 스프린트로 완료되는 것이 아니라 몇 번의 스프린트를 연속적으로 진행하면서 과제를 수행해야 한다. 그러므로 스프린트 리뷰 미팅에서 다음 단계로 진행할 부분을 토론하고 시장의 반응, 내부적 우선순위와 예산 그리고 타임라인 등을 살펴, 다음 스프린트 플래닝 미팅에 반영될 수 있도록 하는 것이 좋다.

④ 스프린트 회고 미팅Sprint Retrospective Meeting

스크럼의 마지막 단계인 스프린트 회고는 스크럼 팀 자체와 프로세스를 개선할 수 있어 가장 중요한 미팅이라고 할 수 있다. 스프린트 회고 미팅은 스프린트 리뷰 후 그리고 다음 스프린트 플래닝 미팅이 시작되기 전에 실시한다. 스프린트 리뷰가 스프린트 동안 산출한 결과물에 대한 리뷰라면, 스프린트 회고는 스프린트에서 산출물을 산출한 방법에 대한 리뷰라고 할 수 있다.

이 미팅을 통해 애자일마케팅 팀은 스프린트에서의 업무 수행 방식을 더욱 향상시킬 수 있다. 이를 위해서 기본적으로 스프린트 회고는 세 개의 질문으로 진행된다.

다음 스프린트부터 하지 말아야 할 것이 무엇인가?
다음 스프린트부터 새롭게 해야 할 것이 무엇인가?
다음 스프린트에도 계속해야 할 것은 무엇인가?

이러한 질문들을 통해 팀원들은 업무 방식의 이슈들을 도출하고, 스프린트 프로세스를 계속해서 향상시킬 수 있다. 그러나 매 스프린트 회고 때마다 이 질문들을 반복적으로 묻게 되면 타성에 빠질 수도 있다. 그래서 다음과 같은 새로운 관점의 질문들을 섞어 보는 것도 좋다.

무엇이 잘되었는가? 혹은 잘못되었는가?
우리가 바꾸어야 하는 것은 무엇인가?

또는 간단한 퍼실리테이팅 기법을 활용할 수도 있다. 가령 지난 스프린트를 한 단어로 포스트잇에 적어보게 하고, 왜 그 단어를 썼는지 각자에게 물어보는 것이다. 각 팀원들이 지난 스프린트 때 문제를 야기한 부분에 대해 이야기하면 퍼실리테이터는 다음과 같은 질문들을 통해 팀원들의 사고를 더욱 자극할 수 있다.

만약 지난 스프린트 때 한 가지를 변경할 수 있다면 무엇이 되겠는가?
우리가 아직 모르고 있는 부분은 무엇인가?
지난 반복 동안 무엇을 좋아했으며, 무엇이 부족했는가 또한 무엇을 배웠는가?

비단 스프린트 회고 미팅뿐만 아니라 스크럼 운영 방식에서 활용하는 네 가지 미팅 모두 어떤 형태를 쓰든 모든 팀원들이 모두 활동적으로 참여할 수 있는 여지를 주는 것이 좋다. 사람들 중에는 자신의 의견

을 전달하는 데 불편함을 느끼는 사람들이 있을 수 있다. 스크럼 마스터는 이들이 자신의 진솔한 의견을 개진하는 데 불편이 없도록 도와야 한다.

난상 토론을 하기보다는 포스트잇에 각자의 생각을 쓰게 하고 자신의 생각을 차례대로 공유하는 등의 간단한 퍼실리테이팅 기법을 활용하면, 이른바 '빅마우스'들이 미팅을 독점하는 것을 방지할 수 있다. 그리고 마지막으로 이렇게 팀원 모두의 의견을 통해 나온 결과들은 다음 스프린트에 반드시 반영이 되도록 조치해야 한다.

3

애자일마케팅의 또 다른 운영 방식, 칸반Kanban

애자일마케팅 운영 방식에는 스크럼도 있지만 칸반 방식이라는 것도 있다. 앞서 이야기했듯이 칸반Kanban은 '간판'에 해당하는 일본어다. 우리나라에서 간판은 주로 점포의 상호를 써서 사람들의 눈에 잘 뜨이게 걸어 놓은 커다란 판을 지칭하는데, 일본에서는 '신호 카드'라는 의미로도 쓰인다.

칸반을 경영 기법에 응용한 것은 세계적인 일본 자동차 기업 토요타다. 창고에 따로 재고를 쌓아 두지 않고 사람들이 필요로 하는 만큼만 재고로 보유하는 식료품점의 운영 방식에서 영감을 얻어, 토요타는 JITJust In Time라는 생산 방식을 개발하였다. JIT는 '적시생산시스템'이라고도 불리는데, 불필요하게 부품 재고를 쌓아 두지 않고 필요한 시점에

필요한 부품을 생산하는 방식이다. 이를 통해 재고를 최소화시켜 자원의 효율성을 제고하는 경영 기법으로 한때 전 세계 기업들의 벤치마킹 대상이 되기도 했었다. JIT 시스템에서 생산 라인의 다른 곳에서 부품이 필요하다는 신호를 보내기 위해 사용한 것이 바로 칸반이었다. 그래서 JIT 시스템을 쉽게 '칸반 방식'이라고도 부른다.

애자일 방식에서도 업무의 생산성을 제고하기 위한 방편으로 칸반을 활용하고 있다. 애자일 방식에서 칸반은 물리적 형태로 벽이나 화이트보드 등에 포스트잇으로 된 카드를 직접 붙여가며 사용할 수도 있고, 최근에는 애자일 방식을 위해 개발된 소프트웨어를 활용하기도 한다.

<그림 IV–4> 칸반 방식 개요

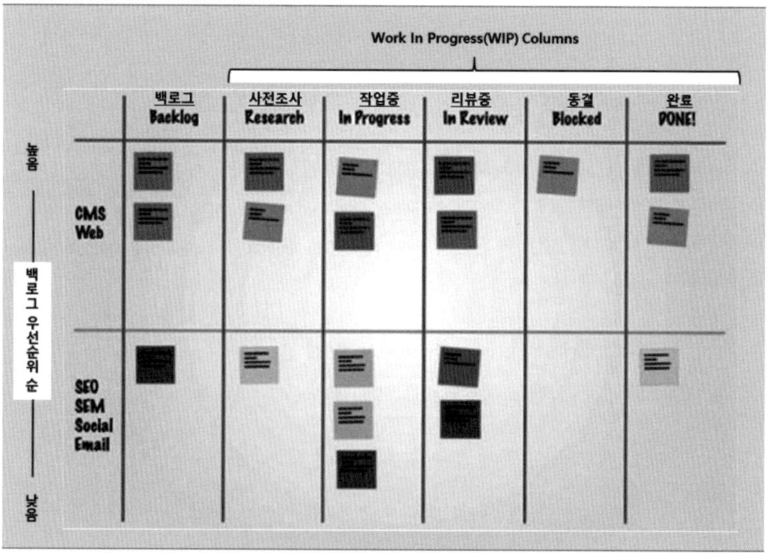

출처: Choosing an Agile Trailhead, Agilesherpa

그러나 그 어느 경우라도 업무의 흐름이 시각적으로 보여지는 work-in-progress(이하 WIPs)의 형태를 반드시 갖추어야 한다.

주의해야 할 것은 스크럼 방식에도 이런 보드board를 활용하기는 하지만 칸반 방식과는 운영 방법이 다르다. 또 같은 칸반 방식이라도 애자일마케팅을 위한 칸반은 애자일 소프트웨어 개발을 위한 칸반과 약간 차이가 있다. 물론 칸반 보드를 만들고 칸반 구조 내에서 작업에 적용되는 원칙은 동일하지만 운영 방식에 있어서는 차이가 난다.

우선은 둘 다 물리적으로 칸반 보드가 있어야 한다. 애자일마케팅 팀 안에서 여러 개의 과제가 동시에 진행될 수 있기 때문에 이를 총괄하는 칸반 보드를 만드는데 이를 '마스터 칸반'이라고 한다. 마스터 칸반은 모든 애자일마케팅 팀이 동시에 볼 수 있도록 화이트보드 혹은 벽에 큰 종이, 관련 소프트웨어를 활용하여 만들 수 있다. 사실 칸반 보드를 만드는 것 자체는 매우 간단하다. 하지만 활용하는 방법은 만드는 것만큼 간단하지가 않다.

통상 마스터 칸반에는 그림의 세로축에서 보듯이 전체 과제 백로그를 우선순위별로 기록하는 백로그 칼럼이 있고, 가로축에는 진행 중인 작업, 다시 말해 영어로 'Work In Progress'라고 해서 쉽게 WIP라고 부르는 수행 작업들을 기록하는 칼럼이 있다. 애자일마케팅 팀의 일원으로서 각 개인들은 자신들이 수행 중인 작업WIP들이 무엇이며 이 작업

들이 '작업 중In progress'인지 또는 '리뷰 중In review'인지를 판단해야 한다. 여기서 중요한 것은 감당할 수 있는 WIP의 개수를 사전 설정하여 애자일마케팅 팀의 역량을 초과하지 않아야 한다는 점이다. 칸반 방식에서는 WIP Limit 설정이 매우 중요한 원칙이라 신중해야 한다.

사전에 팀별로 WIP 제한 개수를 계산하기 위해서는 통상적으로 두 가지를 함께 고려해야 한다. 첫째, 팀이 공동으로 WIP 작업에 투입하는 시간(이메일 확인, 미팅 또는 기타 관리와 같은 일상적인 작업에 필요한 시간을 빼고 순수하게 WIP 작업에만 들어가는 시간)을 계산한다. 둘째, 팀원 각각이 개별 작업을 수행하는 데 드는 시간을 면밀하게 관찰하여야 한다. 그리고 이를 토대로 WIP의 한계를 설정한다. 이 두 가지의 정보를 바탕으로 WIP 제한 개수를 설정할 때는 다음과 같이 세 가지 방법을 활용할 수 있다.

첫째, 칸반 보드의 각 칼럼을 기준으로 WIP 제한 개수를 설정하는 방법이다. 일단 각 칼럼마다 활용 가능한 최대 시간을 설정한다. 예를 들어 '작업 중' 칼럼에서 최대 활용 가능한 시간이 20시간이라면, 그 칼럼에는 20시간 분량의 WIP만 포함되도록 한다. 20시간을 초과하는 경우에는 전체 팀이 모여 왜, 어떻게 그 상황이 발생했는지 그리고 미래에 어떻게 개선하거나 예방할 수 있는지에 대해 논의해야 한다.

둘째, 개별 팀원 기준으로 WIP 제한 개수를 설정하는 방법이다. 이를 위해서는 사전에 조사된 개별 팀원이 한 번에 작업할 수 있는 시간

또는 작업 수에 대한 정보를 활용한다. 한도를 초과하는 경우에는 개별 팀원이 맡고 있는 업무에서 우선순위가 떨어지는 것들을 제거하여 역량 한도 내에서 작업이 이루어지도록 조치해야 한다.

셋째, 전체 팀 기준으로 하는 방법이다. 개인의 경우와 같이 팀 차원에서 한번에 작업할 수 있는 시간과 작업 수를 결정한다. 제한을 초과하는 작업을 보드에 추가해야 하는 경우에는 우선순위 변경과 팀 역량 한도를 동시에 고려하여 백로그상에서 다른 항목을 제거하거나 우선순위를 낮추어야 한다.

어쨌거나 애자일 방식이 짧은 기간 내에 시장 변화에 반응하여 민첩하게 대응할 수 있는 MVP를 만들어 내야 하는 만큼, 팀은 항상 자신의 역량 한도를 초과하지 않도록 조정해야 한다. 민첩하게 움직여야 할 팀이 쏟아지는 역량을 초과하여 과중한 업무를 짊어지게 되면 당연히 속도도 떨어지고, 민첩성도 떨어지게 될 것이다.

칸반 보드를 만들고 팀 역량을 고려한 WIP 제한 개수를 설정하고 나면 본격적으로 마케팅 과제를 수행하면서 칸반을 활용할 수 있다. 백로그 칼럼에는 팀이 작업 요청을 받게 되면 새로운 백로그를 추가한다. 그림에서 보듯이 백로그는 우선순위별로 위치시키는데, 우선순위가 높을수록 위로 올라간다. 맨 위의 백로그는 다음 단계인 WIP 칼럼으로 넘어가서 스프린트 프로세스를 거치면서 '사전 조사→작업 중→리뷰

중'의 단계를 거친다. 작업의 진행 상태를 분류하는 단계는 각 기업의 사정에 맞게 정하면 된다.

이 프로세스를 거치면서 애자일마케팅 팀의 리더는 팀 작업 수행 시간을 면밀하게 관찰하고 기록할 필요가 있다. 이를 통해 추후 팀의 작업 효율을 높일 수 있을 뿐만 아니라, WIP의 제한 개수를 보다 정확하게 추정하여 보다 나은 칸반 운영을 할 수 있기 때문이다.

칸반 방식을 실행하기 위한 네 가지 방안

칸반 방식을 통해 원하는 기대 효과를 얻기 위해서는 지켜야 할 실행 방안이 있다. 앞에서 설명한 것처럼 능력에 맞게 WIP를 제한시키는 것을 포함하여 다음의 네 가지를 들 수 있다.

첫째, 업무 진행을 시각화해야 한다.

보통 팀이 개인적으로 업무를 수행하는 것은 모두가 함께 볼 수는 없다. 각자 자신들의 노트북을 통해 작업을 진행하는 경우가 대부분이고 보고서를 만들어서 공유한다 해도 한번에 여러 사람들이 수행하는 업무의 진행 상태를 함께 보기는 어렵다.

그러나 칸반은 그것을 가능하게 한다. 동시에, 그것도 신속하고 민첩하게 여러 명이 업무를 진행하기 위해서는 팀 전체가 자신의 담당 업

무뿐만 아니라 관련된 타인의 업무들이 어떻게 진행되고 있는지 함께 보고 협의할 수 있다는 것이 무엇보다도 중요하다. 물론 작업의 세세하고 구체적인 내용을 칸반에 나타내는 것은 어렵지만, 적어도 진척 사항은 함께 공유할 수 있다. 이것이 칸반 방식의 가장 핵심적인 장점이다.

<그림 IV—5> 칸반의 업무 흐름과 업무 항목

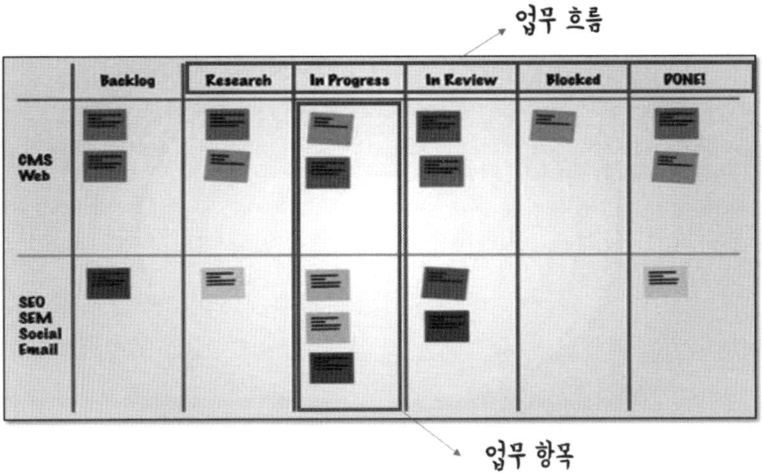

이러한 칸반 보드를 설계하는 데 있어 정해진 방법은 없다. 자신의 창의성을 발휘하여 설계하면 된다. 다만 칸반을 지원하는 소프트웨어 도구에는 약간의 제약이 있을 수도 있으니 이를 고려해야 한다. 예를 들어 거의 모든 칸반 소프트웨어는 2차원 평면 위에 각 업무 항목을 표시하는 패널을 배치하는 형태로 되어 있다. 열은 업무의 프로세스 단계를 나타낸다. 그러나 물리적 보드는 그러한 제약 없이, 그림에서 보듯

<그림 IV—6> 칸반 보드의 창의적 활용 사례

출처: 'Essential Kanban Condensed', LeanKanban, 2016

이 다른 서비스의 보드와 연결하여, 원하는 만큼 확장이 가능하다.

이런 식으로 물리적 보드는, 팀이 자신들에게 중요한 정보를 표시할 다른 창의적인 방법을 찾아 설계할 수도 있다. 요즈음은 모든 것을 디지털화하는 경향이 있지만 칸반의 경우 아날로그적 방식이 더 창의적일 수도 있다.

둘째, WIP 개수를 제한한다.

WIP 제한은 앞서 설명한 것처럼 업무 프로세스의 각 단계마다 동시에 진행 가능한 작업 수를 제한하는 것이다. 칸반 방식에서는 이 방안

이 중요하다 보니 다시 한번 강조하는 것이다. WIP에 제한을 두면 자원 활용도가 높아진다. 가령 제한보다 너무 적은 WIP일 경우에는 팀원들의 유휴 시간이 늘어나고 이는 팀의 효율성 및 생산성 저하로 이어진다. 반면 제한보다 너무 많은 WIP가 있을 경우에는 업무들의 리드타임이 늘어난다. 할 일은 산더미 같은데, 자원은 한정되어 있으니 일들이 처리되는 리드타임이 당연히 길어질 수밖에 없다.

칸반 보드에 업무들을 지속적으로 밀어 넣어서 팀을 항상 '바쁜' 상태로 내몬다고 해서 좋은 성과가 나오는 것은 아니다. 그렇게 되면 팀원들은 해야 할 일의 양에 짓눌려서 지시받은 작업만 기계적으로 처리하게 되고, 정작 제공하는 서비스 그리고 조직 및 고객의 전체 목표에 어떻게 기여해야 하는지에 대한 관점을 잃게 된다. 그뿐만 아니라 전체 프로젝트 관점에서 볼 때, 다른 연관 업무들이 완료되지 않은 상태에서 부분적으로 완료된 업무만 지나치게 많아진다. 이렇게 되면 팀은 환경 변화에 민첩하게 대응할 수 없게 된다.

그러므로 다음 그림과 같이 각 단계마다 WIP 제한을 두고, 정해진 숫자의 WIP를 완료할 때까지는 새로운 항목을 시작할 수 없도록 하여 업무량을 최적화시킴으로써 서비스 리드타임을 개선함은 물론 산출물의 품질 및 출시 속도도 높일 수 있다.

<그림 Ⅳ—7> 프로세스마다 WIP 제한 개수 설정

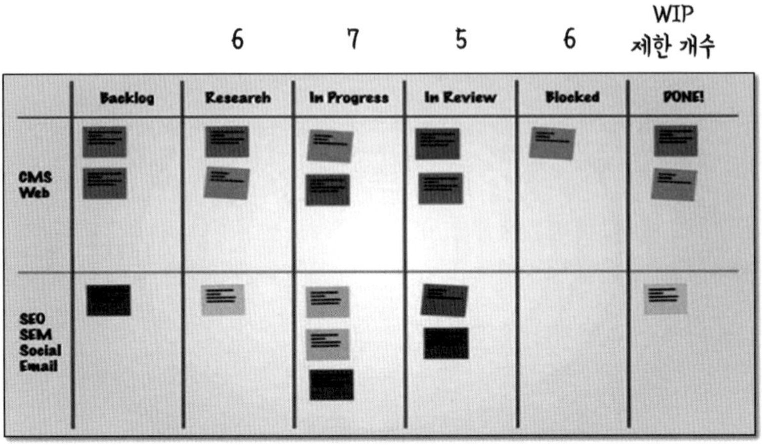

셋째, 업무 흐름flow을 측정하고 관리한다.

이것은 WIP 제한과 밀접한 관련이 있는 실행 방안이다. 칸반에 적시된 업무 프로세스에 따라 업무들의 리드타임이 최소화되어 매끄럽게 흘러가야 창출하는 가치가 최대화된다. 업무의 흐름은 잘 진행되다가도 사소한 장애물 때문에 막힐 수 있다. 하위 업무 하나의 문제가 전체 프로세스 지연 사태로 발전될 수 있기 때문에 이에 대한 관리가 필요하다. 사전에 병목 지점Bottleneck이 될 가능성이 높은 업무 단계, 혹은 팀원 등을 파악하여 집중 관리해야 한다.

넷째, 프로세스 단계마다 정책을 명시해야 한다.

'프로세스 징책'은 칸반 보드에 세시된 업무 난계와 각 단계에 대한

정의 및 업무 수행 방침을 의미한다. 예를 들어 다음 그림처럼 백로그에서 투입된 업무들을 사전 조사→작업 중→리뷰 중→동결→완료 단계로 나눌 경우, 각 단계 즉 '사전 조사'에서는 구체적으로 어떤 목표를 달성하기 위해 어떤 업무들을 수행하고 어떤 수준에 이르러야 다음 단계인 '작업 중'으로 넘길 수 있는지 등의 정책을 의미하는 것이다. 사실 각 단계마다 설정된 WIP 개수의 제한도 정책의 일부로 볼 수 있다.

<그림 IV—8> 프로세스마다 정책 명시

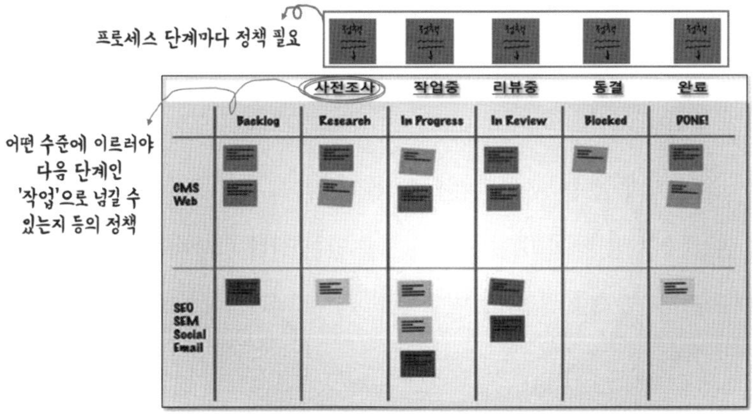

따지고 보면 칸반 보드는 프로세스의 단계와 각 단계마다 정해 놓은 정책에 의해 팀의 행동을 관리하는 시스템이라고 볼 수 있다. 그러나 팀의 관점에서는 프로세스 단계와 정책이 정해져 있기 때문에 그 틀 안에서 자율적으로 실험을 하지만 이를 통해 틀, 즉 프로세스 단계와 정책을 변화시킬 수 있는 권한도 가지고 있다.

그러므로 프로세스 정책의 특징은 가볍고, 단순하며, 추상적이지 않고, 모두가 함께 볼 수 있어야 하며, 항상 적용되어야 하고, 또 사람들이 쉽게 바꿀 수 있어야 한다. '항상 적용되어야 한다'와 '쉽게 바꿀 수 있어야 한다'가 동시에 있다는 점이 모순처럼 보일 수도 있지만 그렇지 않다. 가령 정책 자체는 단순하더라도 시스템이 복잡할 경우, 결과는 예측이 어려울 수 있다. 예를 들어 '빨리 시작할수록 빨리 끝난다'와 같은 것들은 매우 직관적인 정책 같지만 직관에 어긋나는 결과를 가져오는 경우가 많다. 빨리 시작해도 빨리 끝나지 않는 경우가 생길 수 있다는 것이다.

따라서 정책이 역효과를 낳거나 현실적으로 적용하기 어렵다고 판단되면 정책을 의심하고 바꿀 수 있도록 눈으로 볼 수 있는 간단한 메커니즘이 있어야 하는데, 그것이 바로 '프로세스 정책'이다.

스크럼과 칸반의 혼합, 스크럼반

스크럼과 칸반은 각각 독립된 애자일 운영 방식이다. 혹자는 칸반을 스크럼 방식에서 사용하는 단순한 보드Board로 간주하는데 그렇지 않다. 칸반도 살펴본 것처럼 자체적으로 원칙과 프로세스가 있는 애자일 운영 방식이다. 그 차이점을 다시 한번 정리해 보자.

<그림 IV—9> 애자일 방식인 스크럼과 칸반 비교

SCRUM	KANBAN
· 작업들이, 통상 1~4주 걸리는 스프린트 내에 마무리 됨 · 목적은 매 스프린트마다 유의미한 산출물을 만들어 내는 것임	· 스프린트와 같이 정해진 작업기간이 없고 앞 작업이 끝나면 백로그에서 우선순위 높은 다음 작업이 팀에 의해 자동적으로 수행됨
· 최종 산출물의 출시는 스프린트의 기간에 따라 결정됨. · '3개의 스프린트 후에 출시가능' 혹은 '6주 후에 출시 가능' 등 사전에 정할 수 있음	· 최종 산출물은 준비가 되면 언제라도 출시될 수 있음
· 팀 내부의 '기능 횡단적(cross-functional) 협업을 매우 중요시 함 · 팀은 독자적인 역할을 가지지 않고 팀원 모두가 '마케터'로서 역할을 수행함	· 팀원들은 자신들의 전문성과 관련이 있는 작업들을 선택할 수 있음 · 그러나 지나친 전문화는 오히려 팀의 전체적인 효과성을 저하시킬 수 있음
· 스프린트 플래닝/데일리 스텐드업/스프린트 리뷰/스프린트 회고 미팅 등은 스크럼 프로세스에서 중요한 역할을 하는 회의체임	· 정례화된 회의체는 없으나 대신 지속적으로 프로세스의 개선을 강조함

출처: Beginner's Guide to Kanban for Agile Marketing, Agilesherpa

스크럼은 모든 스크럼 팀 구성원이 계획하는 스프린트(보통 1~4주)로 구성되는데, 이는 상대적으로 규모가 큰 프로젝트에 적합하다. 한 번의 스프린트가 끝나면 새 스프린트가 계획되므로 업무 흐름을 시각화하는 스크럼 보드는 각 스프린트마다 재설정된다. 칸반과 달리 스크럼에

는 스크럼 마스터, 마케팅 관리자 및 마케팅 팀과 같은 사전 정의된 역할이 있다. 스크럼 팀은 기능 횡단적 팀으로 각 구성원이 자신의 작업 상황을 리뷰하고 공유하는 데일리 스탠드업 미팅을 비롯한 정기적인 미팅을 갖는다.

또 하나의 애자일 운영 방식인 칸반은 완성된 업무 또는 업무의 일부를 지속적으로 제공하는 데 중점을 두는 메커니즘을 가지고 있다. 칸반의 가장 잘 알려진 기능 중 하나는 WIP 제한으로, 한 번에 수행할 수 있는 업무의 개수 혹은 양을 역량에 맞추어 제한한다. 업무는 스프린트와 같은 단위의 구애를 받지 않으므로 업무 흐름을 시각화하는 보드는 지속적으로 유지되며 보드에 붙어 있는 업무 항목만 변경된다.

칸반 방식의 특징은 풀Pull 시스템이라는 것이다. 스크럼의 경우에는 하나의 스프린트에서 필요한 업무들이 수행되고, 그 스프린트가 끝나면 또 다른 스프린트가 시작되면서 관련 업무들이 수행되는 방식이다. 그러나 칸반은 스프린트처럼 업무를 묶어서 기한 내에 실행하는 것이 아니라, 하나의 업무가 다음 단계로 넘어가면 자동적으로 그 전 단계의 업무가 넘어오는 것이다. 예를 들어 '백로그→실행→리뷰'라는 3단계 프로세스로 이루어진 칸반이 있다면 실행에 있는 업무 항목이 리뷰 단계로 넘어가면 백로그에서 순서를 기다리던 업무 항목이 자동적으로 실행 단계로 당겨지는Pull데 이를 풀 시스템이라 한다. 또 칸반은 스크럼에서와 마찬가지로 팀 구성원들이 개별적으로 필요에 따라 작업을

수행할 수 있지만, 스크럼처럼 정기적인 회의를 필요로 하지는 않는다.

앞에서 살펴보았듯이 스크럼 방식은 정해진 4개의 미팅과 각각의 미팅이 지니는 역할에 대해 자세히 설명한다. 그러나 정작 팀이 맡은 업무를 어떻게 실행하는지에 대한 프로세스나 원칙은 거의 설명하지 않는다. 애자일마케팅과 관련된 백로그들이 도출되면 스프린트를 구성하여 4개의 미팅을 충실히 실행하면서 업무를 수행해 나가는 것이 전부이다. 하지만 칸반은 개별 업무 항목 하나하나가 어떤 과정을 거쳐 완성에 이르는지 업무 수행 프로세스에 중점을 둔다.

그래서 이 둘의 장점을 통합하여 칸반을 스크럼의 틀 안에서 활용할 수 있는 운영 방식을 고안했는데, 그것을 스크럼반Scrumban이라 한다. 스크럼반에는 스크럼의 기본 기능과 칸반의 유연성이 결합되어 있다.

스크럼 방식의 경우, 스프린트 플래닝 미팅에서 수행해야 할 업무의 우선순위를 설정하듯 스크럼반 방식에서도 플래닝 미팅을 통해 실행해야 할 업무를 정해서 백로그에 등록시킨다. 하지만 업무 진행은 스프린트를 통하지 않고 칸반 방식처럼 풀 시스템 방식으로 수행된다. 그렇기 때문에 칸반과 마찬가지로 업무 흐름 보드는 지속적으로 유지되며 업무 항목과 우선순위만 변경된다. 스크럼반 역시 스크럼처럼 실행 업무를 정하고 실행 계획을 수립하는 것에 중점을 두고 있지만 스크럼에서는 한 스프린트가 완료되면 거의 자동적으로 다음 스프린트 플래닝

미팅이 열리지만 스크럼반에서는 누군가 요청을 할 때 플래닝 미팅이 열린다는 차이점이 있다.

비록 업무 수행 방식이 풀 시스템이기는 하지만 오리지널 칸반 방식과 몇 가지 차이점이 있다. 스크럼반에서도 업무 흐름을 단별로 나누어 시각화해야 한다. 그것이 칸반 방식의 가장 중요한 장점이기 때문이다. 그러나 스크럼반에는 오리지널 칸반에는 없는 몇 가지가 더 추가되어야 한다.

<그림 IV—10> 스크럼반(scrumban) 운영 방식

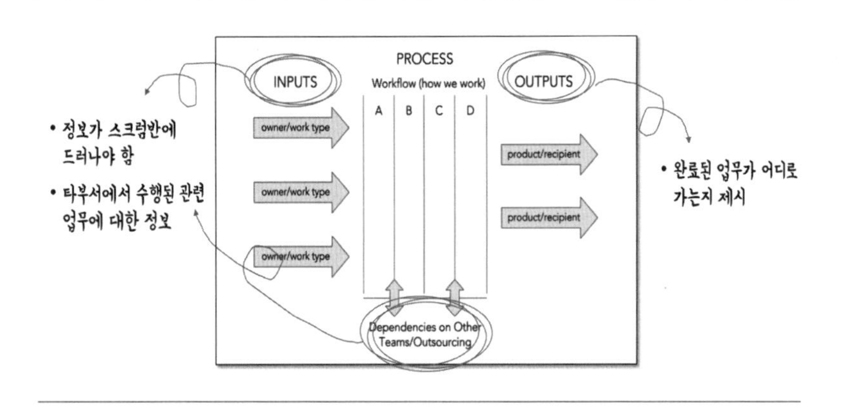

출처: Choosing an Agile Trailhead, Agilesherpa

첫째, 업무의 '인풋'에 대한 정보다. 스크럼반 안에서 수행되고 있는 업무가 어디서 온 것인지, 누가 오너인지, 관련된 부서는 어디인지 등의 정보가 스크럼반에 드러나야 한다. 둘째, 타 부서에서 수행된 관련

업무에 대한 정보이다. 만약 자원을 다른 팀과 공유하고 있거나, 타 부서에 승인을 요하는 업무, 혹은 외주를 주는 업무를 하고 있다면 스크럼반 보드를 가시화할 때 꼭 정리를 해 두어야 한다. 셋째, 팀의 완료된 업무가 다음 단계로 어디로 혹은 누구에게로 가는지에 대한 정보도 제시한다.

기업이 애자일마케팅을 도입할 때, 어떤 운영 방식이 적합한지는 애자일마케팅 과제의 특성과 기업의 특성에 따라 달라진다. 스크럼은 상대적으로 규모가 큰 프로젝트가 많은 대기업에서 일반적으로 업무 프로세스의 효율성을 높이기 위해 사용하는 경향이 있다. 반면 칸반은 스크럼에 비해 엄격한 제약 조건을 부과하지 않기 때문에 프로세스가 더 유연하다고 할 수 있다. 따라서 지원, 유지 관리 팀 또는 지속적인 제품 제조에 적합한 방식이다. 마지막으로 스크럼반 방식은 고객 및 경쟁이 역동적인 환경에서 지속적으로 신제품을 출시해야 하는 스타트업의 빠르게 진행되는 프로세스에 적합하다.

4

애자일마케팅 팀 구성과 애자일 코치의 역할

애자일마케팅 팀의 2가지 유형

애자일마케팅 조직에 대해 알아보려면 먼저 애자일마케팅 기법을 일반 조직에 어떻게 도입할 것인지부터 논의해야 한다. 일반 조직이 애자일마케팅 방법을 도입하는 데는 두 가지 유형이 있고 그에 따라 애자일마케팅 팀의 모습도 달라진다.

첫 번째 유형은 프로젝트 기반의 애자일마케팅 조직이다. 일반적으로 대부분의 마케팅 팀에서는 한 번에 1~2개의 큰 마케팅 프로젝트들(신제품 론칭이나 신시장 진출을 위한 마케팅 프로젝트 등)을 관리하기 위해 임시적으로 팀을 구성하고 운영한다. 애자일마케팅 기법을 도입하려는 많은 기업들은 기존 조직을 전면적으로 개편하기보다는 필요에 따라 대규모

프로젝트에 애자일 원칙을 적용해보기를 원한다. 마케팅 조직이 책임지는 많은 일상적인 역할 중 한 부분인 특정 프로젝트를 위해 여러 기능 부서들이 참여하는 애자일 팀을 구성하고, 프로젝트 내의 각 마일스톤milestone에 따라 스프린트를 정하여 전체 프로젝트가 완료될 때까지 이 스프린트들을 반복한다.

두 번째 유형은 쉐어드서비스 부서로서 애자일마케팅 조직이다. 이 유형은 크리에이티브 서비스나 비디오 제작 또는 마케팅 운영과 같이 쉐어드서비스shared service에 속하는 마케팅 팀에 특히 적합하다. 쉐어드서비스 성격을 가진 팀들은 마케팅 부서 내의 다른 팀뿐만 아니라 마케팅 팀이 아닌 회사 내의 다른 여러 부서로부터도 다양한 작업을 요청받게 된다. 이럴 경우 애자일 방식을 사용할 동기가 매우 커지게 된다. 애자일 방식을 활용하면 대부분 엄격한 마감일을 지킬 수 있으며 끝없이 밀려오는 백로그(작업 요청)도 줄일 수 있기 때문이다.

① 프로젝트에 기반한 애자일마케팅 팀

우선 첫 번째 유형인 프로젝트 기반의 애자일마케팅 팀부터 살펴보자. 사실 소프트웨어 개발에서는 프로젝트 기반 애자일 팀들이 보편적이다. 이 팀들은 스프린트를 통해 MVPMinimum Viable Product라고 하는, 시장으로부터 유효한 피드백을 수집하기 위한 최소 기능을 가진 제품을 단기간에 생산한다. 그러나 마케팅의 경우 MVP가 반드시 유형의 제품이 될 필요는 없다. MVP는 캠페인, 웹 페이지 또는 모바일 앱 등이 될

수 있다.

프로젝트 기반 팀은 목표를 달성하기 위해 팀 내에 여러 기능을 가진 인력들이 필요하다는 점에서 쉐어드서비스로서의 애자일마케팅 팀과는 다르다. 프로젝트 기반의 애자일 팀은, 다양한 다른 팀에 소속되어 있지만 캠페인이나 특별 프로젝트를 위해 임시로 함께 일하는 개인으로 구성된다. 이들 팀원들은 여전히 고유의 일상적인 책임과 관리 업무를 맡고 있기 때문에 이 프로젝트에 주당 일정 시간만 배정할 수 있다.

특정 목표를 위해 만들어진 프로젝트라서 본질적으로 일상적인 업

<그림 Ⅳ—11> 프로젝트 기반의 애자일마케팅 팀

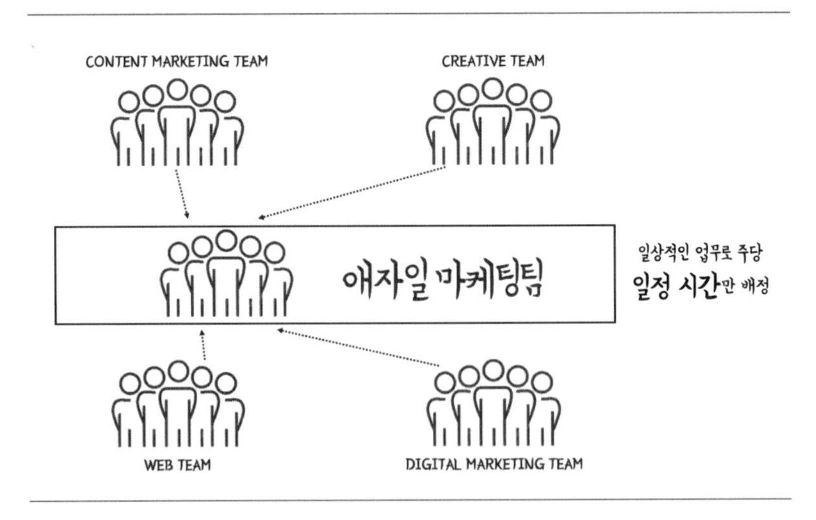

출처: The Advanced Guide to Agile Marketing, Workfront

무보다 더 체계적이다. 따라서 다음과 같이 스크럼 방식을 적용할 수 있다. 우선은 해당 프로젝트의 특성에 맞추어 기능 횡단적인 팀을 구성해야 한다. 예를 들어 기존 제품의 리브랜딩 캠페인을 진행할 경우라면 브랜드 콘셉트를 만들고, 카피를 쓰고, 로고를 디자인하고, 웹사이트를 개편할 수 있는 적절한 경험과 기술을 갖춘 팀을 구성하여야 한다. 그 다음에는 스프린트를 통해 만들어 내야 하는 MVP를 명확하게 정의하는 것이 중요하다. 다시 말해 마케팅 캠페인 버전의 MVP 만드는 것을 목표로 하는 스프린트를 계획한다. 이렇게 해서 몇 주간의 스프린트 작업을 통해 캠페인 버전의 MVP를 신속하게 시장에 내놓고, 통상 대형 캠페인을 론칭하는 데 몇 개월씩 소요하는 대신 고객 반응과 피드백을 관찰한다. 그리고 이를 바탕으로 다음 스프린트를 진행하여 개선된 다음 버전의 캠페인을 제작한다.

스프린트 기간은 자연스럽게 MVP를 만드는 데 필요한 업무량과 시간에 따라 결정된다. 리브랜딩 캠페인의 경우, MVP가 포커스 그룹에서 테스트하려는 브랜드 콘셉트라면 포커스 그룹 인터뷰에서 테스트를 받을 수 있는 베타 수준의 브랜드 콘셉트를 개발하기에 충분한 시간을 계산하여 스프린트 기간을 정해야 한다.

스프린트가 완료되고 MVP가 개발되면 MVP에 대한 고객의 반응 데이터를 수집하여 어떤 개선을 할 수 있는지 파악하고 이를 기반으로 더 진화한 버전의 MVP를 개발하기 위한 다음 스프린트를 계획한다. 프로

젝트에 기반한 애자일마케팅 팀은 일반적으로 시장 출시 속도 향상이 나 지속적인 개선 및 고객 테스트에 집중하는 특성이 있다.

② 쉐어드서비스Shared Services로서의 애자일마케팅 팀

두 번째 유형인 쉐어드서비스 부서로서의 애자일마케팅 팀은 프로젝트 기반처럼 임시적인 것이 아니라 상시적인 형태의 애자일마케팅 조직이다. 이 경우에는 조직이 이미 존재하므로 새롭게 조직을 만들 필요는 없으나 기존 조직에 애자일 방식을 접목해야 한다는 점이 어렵다.

가장 먼저 바꾸어야 할 것은 업무 마감 기한에 대한 인식의 변화다. 통상적으로 크리에이티브 팀과 같은 쉐어드서비스 조직에는 전시회 배너 디자인, 웹사이트의 랜딩페이지 mockup 디자인, 신제품 라벨 디자인 등과 같은 수많은 작업 요청이 쏟아져 들어온다. 그러면서 원하는 마감 기한도 모두 동일한 특성을 지닌다. 대부분 자신들의 요청을 ASAPas soon as possible로 대응해주기를 원하기 때문이다. 그러나 이렇게 업무 단위로 마감 기한을 설정해서는 애자일 방식을 운영할 수 없다.

그렇기 때문에 가장 먼저 업무 백로그를 만들어서 요청된 작업들은 백로그에 입력하고 우선순위가 높은 것부터 작업을 시작해야 한다. 이렇게 업무 백로그를 만들고 이를 다른 부서와 공유함으로써 쉐어드서비스 부서에서 진행되고 있는 업무가 어떤 것인지 다른 부서에서 미리 알고 자신들의 작업 요청을 최소한 언제까지 해야 하는지 스스로 파악

할 수 있도록 해야 한다. 이렇게 함으로써 작업의 주도권을 쉐어드서비스 부서로 가져와야 한다.

업무의 마감 기한과 수행 방식에 변화를 주게 되면 그에 맞추어 조직도 변화시켜야 한다. 바로 전통적인 계층 구조를 제거하여 보다 수평적으로 만드는 것이다. 이렇게 하지 않으면 기존의 업무 관행, 즉 폭포수 방식waterfall을 피할 수 없다. 쉐어드서비스와 같은 기능 중심으로 구성된 애자일마케팅 팀은 프로젝트 기반의 팀과 달리, 비슷한 역할과 스킬을 가진 사람으로 구성되어 자신의 팀과 관련된 업무라면 백로그상의 어떤 업무라도 수행할 수 있을 때 가장 효과적이다. 그렇기 때문에 다기능 팀이 함께 일을 해야 하는 스크럼보다 유사한 스킬을 가진 팀들이 함께 일을 하는 칸반 방식이 더 적합하다.

전통적인 프로젝트에서는 PMProject Manager들이 팀원에게 과제를 할당한다. 그러나 애자일마케팅 팀에서는 자기 주도적으로 업무를 관리하는 것이 매우 중요하다. PM(애자일 팀에는 PM이라는 역할이 존재하지도 않지만)이 작업을 할당하는 대신 팀 구성원이 백로그를 검토하고 매일 스탠드업 미팅에서 자신이 할 일을 스스로 선택할 수 있도록 하는 것이 바람직하다. 쉐어드서비스 애자일 팀인 경우에는 팀의 성격(크리에이티브 팀이냐, 비디오 제작 팀이냐)에 따라 외부로부터 요청받는 업무의 성격이 유사할 것이므로 팀이 스스로 업무를 선택해도 크게 문제가 없다. 우선순위가 많이 떨어지는 업무가 아니라면 팀의 선택권을 존중하는 것이 좋다.

이때 팀 구성원들이 스스로 흥미롭고 매력적이라고 생각하는 일을 선택할 수 있게 해주면 성과 향상에 도움이 된다. 그런 관계로 애자일 마케팅 팀에서 가장 중요하게 여기는 것은 개인의 팀 내 지위가 아니라 어떤 업무를 실제로 수행할 수 있는지 여부이다. 지위나 직급보다 맡은 업무에 방점을 두게 되면 계층 구조에 대한 인식이 사라진다. 그렇게 되면 팀들은 서로를 동료로 인식하고 서로 피드백을 주고받는 환경을 만들 수 있다. 경력 관리를 위해 계층 구조를 제거하는 것에 부정적인 경우도 있지만 수평적 구조가 오히려 자신의 전문 분야에서 지식과 경험을 쌓는 데 더 도움이 된다.

스크럼 팀의 기본 구조와 애자일 코치의 역할

애자일마케팅 팀이 스크럼 운영 방식을 채용하면 스크럼 팀이라는 조직 구조가 반드시 필요하다. 일반적으로 스크럼 팀은 7명 안팎이다. 이보다 커지면 조직화가 다소 어려워진다. 공동의 오너십도 떨어지고 동지애도 옅어지기 때문이다. 반대로 팀원이 너무 적어도 스크럼 팀을 구성하기 어렵다. 애자일 방식 전문가인 제프 서덜랜드는 아무리 적어도 3명 이상은 되어야 스크럼 팀을 구성할 수 있다고 말한다. 결국 3~7명 사이에서 스크럼 팀의 규모가 정해진다고 보면 된다. 이렇게 만들어진 스크럼 팀이 스프린트 백로그를 가지고 반복적인 스프린트를 수행하게 되는 것이다.

그렇다면 과연 스크럼 팀은 어떻게 구성될까? 기본적으로 프로젝트 오너Project Owner, 팀 멤버 그리고 스크럼 마스터Scrum Master로 세 가지의 주요 역할을 수행하는 이들로 구성된다.

<그림 Ⅳ—12> 애자일마케팅에서의 스크럼 팀

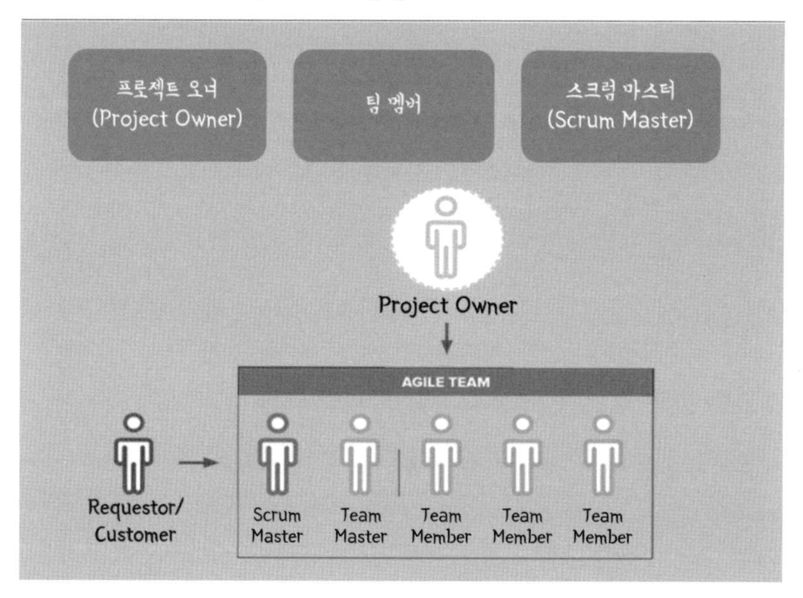

출처: The Complete Guide to Agile Marketing, Workfront

애자일마케팅에서 프로젝트 오너는 마케팅 프로젝트의 책임자로서 마케팅 오너Marketing Owner라고 부르기도 한다. 이름에서 알 수 있듯이 마케팅 관련 프로젝트를 책임지는 사람이다. 이는 애자일 소프트웨어 개발에서 소프트웨어라는 제품을 책임지는 프로덕트 오너Product owner와 같다.

'스크럼 가이드Scrum Guide'에 따르면 프로덕트 오너는 특정 소프트웨어를 개발하는 데 있어 최고 의사결정권자이다. 소프트웨어 개발을 위한 업무 백로그 전체를 책임진다. 백로그 아이템을 명확히 표현하고 필요하다고 판단한 업무들을 백로그에 포함시키고 우선순위를 매기는 데도 영향력을 끼친다. 한마디로 총책임자이다. 그러나 프로덕트 오너는 스크럼 팀 안에 있지 않고 여러 스크럼 팀으로부터 보고를 받는다. 다수의 스크럼 팀을 운영하여 최종적으로 제품 개발을 하기 때문이다. 애자일마케팅의 경우도 비슷하다. 프로젝트 매니저가 바로 그 역할을 담당한다. 특히 프로젝트 기반의 애자일마케팅 팀일 경우에는 그 역할이 명확하다. 기본적으로 업무 요청, 스케줄 관리, 이해관계자 및 고객과의 밀접한 커뮤니케이션 등을 맡는다.

나머지 팀 멤버들은 다양한 마케팅 전문가로 구성된다. 디지털 마케팅에 전문화된 애자일 팀이라면 디지털 마케팅 매니저, CRO 매니저, PPC 전문가 등의 전문가들이 팀을 이루게 된다. 그러나 애자일마케팅 팀에 속하는 순간 이러한 직함에 국한되지 않고 모두 마케터로서 스프린트 목표를 달성하기 위해 노력한다.

스크럼 방식에서 팀은 다기능적cross functional일 뿐만 아니라 다중학습multi learning이라는 특성도 갖는다. 무슨 말인고 하니, 모든 사람들은 확실히 자신만의 전문 분야를 가지고 있지만 애자일 팀 내에서 스프린트를 수행하는 동안에는 계속해서 다른 전문 지식을 배워야 한다는 뜻이

다. 즉 스크럼 팀에서는 모든 사람들이 자신의 전문 분야만 고집하지 않고 무슨 일이든 함께한다. 물론 전혀 관련도 없고 경험도 없는 일을 맡는 경우는 없겠지만 스프린트 과제를 완료하기 위해서라면 다소 덜 친숙하거나 덜 익숙한 분야의 일도 맡아야 한다. 예를 들면 전문 분야가 시장조사인 사람이 2차 전문 분야로 콘텐츠 마케팅을 할 수도 있다.

스크럼 방식에서는 모든 팀원들이 스프린트 기간 동안 하나의 마케팅 MVP를 위해서 백 퍼센트 몰입해서 일할 수 있을 때 가장 생산적이고 효율적이며, 애자일의 취지에도 맞다. 이를 위해 여러 과제나 여러 스프린트에 걸쳐서 동시에 여러 작업을 함으로써 주의가 분산되거나 흐름이 바뀌어 낭비되는 것을 막아야 한다.

그럼에도 불구하고 스크럼 방식에서는 프로젝트를 관리하는 PM의 역할이 전혀 없다. 전통적인 프로젝트 매니저 역할은 팀과 프로젝트 오너에게 할당되는데, 많은 부분을 팀이 스스로 구성하고 관리한다. 스크럼을 처음 도입하는 경우에는 프로젝트 관리자 포지션을 추가하는 경우도 가끔 있는데 이는 스크럼을 근본적으로 잘못 이해한 것이다. 스크럼 방식에서 애자일마케팅 팀은 '자기 조직적self-organized', '교차 기능적cross-functional', '개인이 아닌 팀으로서의 스크럼 수행', '개인별로 해당 전문 기술을 수행하나 결과에 대해서는 공동 책임' 등과 같은 특징을 갖출 필요가 있다.

스크럼 팀에서 가장 중요한 역할을 수행하는 사람은 따로 있다. 바로 '스크럼 마스터'이다. 좀 과장해서 표현하자면, 스크럼 마스터는 스크럼 팀의 '영적인' 지도자와 같다고 할 수 있다. 그만큼 스크럼 마스터의 역할이 스크럼 팀에서는 핵심적이고 결정적이다. 스크럼 마스터의 가장 기본적이고 중요한 임무는, 사람들이 생소한 스크럼 방식을 제대로 이해하고 수행할 수 있도록 코칭하는 역할이다.

스크럼 방식을 사용하지 않는, 가령 칸반 방식만을 사용하는 애자일 조직에는 당연히 애자일 코치가 따로 있어야 한다. 또 스크럼 방식을 사용하더라도 규모가 큰 애자일 조직이라면 애자일 코치를 따로 둘 수도 있다. 스크럼 마스터는 스프린트 팀에 집중하고 애자일 코치는 전체 조직을 대상으로 애자일 마인드셋과 애자일 방식의 도입, 즉 조직 전체의 애자일 트랜스포메이션Agile Transformation에 대한 코치를 할 수 있다. 그러나 애자일 스크럼 방식을 처음 도입하거나 조직의 규모가 작을 경우에는 스크럼 마스터가 코치 역할을 수행할 수 있다.

다만 스크럼 마스터와 프로젝트 오너는 역할 수행 방식이 매우 다르기 때문에 한 사람이 이를 병행할 경우 혼란이나 충돌이 생기기 쉽다. 가장 흔한 문제 중 하나는 아주 세밀한 부분까지 미세 관리하는micro managing 프로젝트 오너가 생긴다는 것이다.

코치라는 명칭에서 알 수 있듯이, 스크럼 마스터는 일반 조직에서

흔히 볼 수 있는 통제와 관리를 위한 '상사boss'나 '관리자'가 아니다. 스크럼 마스터는 사람들에게 무엇을 해야 하는지 알려주거나 일을 지정해주지 않는다. 팀이 프로세스를 따를 수 있게 돕고 팀이 스스로 조직하고 관리하도록 도와준다. 또한 팀이 스스로 문제 해결법을 찾을 수 있도록 '소크라테스식 문답법'을 사용한다.

스크럼 마스터는 또한 스프린트를 수행하는 데 있어 잠재된 장애물을 제거해 팀원들이 업무 수행에만 몰입할 수 있도록 도와주는 역할을 한다. 가령 스크럼 팀 외부의 다양한 이해관계자(관련 임원, 고객 등)들과 스크럼 팀의 상호작용에서 도움이 되는 것과 그렇지 않은 것에 대해 이해관계자들이 이해할 수 있도록 한다. 이를 통해 스크럼 팀의 업무 진행에 불필요한 간섭들을 사전에 배제한다.

스프린트의 진행에도 깊게 관여한다. 매일 아침 데일리 스탠드업 미팅을 진행하여 끝난 업무, 해야 할 업무를 정리한다. 스크럼 마스터는 프로젝트 오너를 도와 마케팅 백로그를 관리하면서 스프린트 플래닝, 스프린트 회고 및 검토를 실시한다. 그러나 이 모든 작업에서 스크럼 마스터는 지시하는 리더이기보다는 자신이 솔선수범하고, 봉사하고, 상담해 주는 서번트 리더servant-leader로서의 역할을 수행한다.

스크럼 마스터는 말 그대로 스크럼을 잘 이해하고 스크럼 팀과 이해관계자들을 리딩하는 역할로 스크럼 방식에서만 쓰는 용어이다. 다른

<그림 IV—13> 스크럼 마스터의 세부 역할

스크럼 마스터의 세부 역할
프로젝터 오너에 대한 스크럼 마스터의 역할
- 프로젝트 오너가 마케팅 백로그를 효과적으로 관리할 수 있도록 필요한 스킬 자문
- 스크럼 팀이 명확하고 간결한 마케팅 백로그 항목의 필요성을 이해하도록 지원
- 프로젝트 오너의 가치를 극대화하기 위해 마케팅 백로그를 정렬하는 방법을 알고 있는지 확인
- 필요에 따른, 혹은 요청된 스크럼 이벤트 퍼실리테이팅
스크럼 팀에 대한 스크럼 마스터의 역할
- 팀이 기능횡단적(cross-functional)인 조직을 스스로 구축할 수 있도록 스킬 코칭
- 팀의 스프린트를 통해 가치 있는 아웃풋을 산출할 수 있도록 지원
- 팀의 스프린트 수행에 방해가 되는 요소 제거
- 필요에 따른, 혹은 요청된 스크럼 이벤트 퍼실리테이팅
- 스크럼 방식이 아직 완전히 자리 잡지 않고 이해되지 않은 조직 환경에서의 스크럼 팀 코칭
전체 조직에 대한 스크럼 마스터의 역할
- 해당 조직에 스크럼이 잘 자리 잡을 수 있도록 안내하고 코칭
- 조직 내에서 스크럼 실행을 계획
- 직원 및 이해 관계자들이 스크럼과 경험적 제품 개발에 대해 잘 이해하고 확립할 수 있도록 도움
- 스크럼 팀의 생산성을 향상시키기 위한 변화 만들기
- 조직에서 스크럼 적용의 효과를 높이기 위해 다른 스크럼 마스터들과 협력

출처: 스크럼 가이드, Scrum.org

애자일 방식, 칸반이나 스크럼반 등에서는 '애자일 코치'라고 부른다. 스크럼 마스터를 포함하여 애자일 코치의 역할이 중요하다 보니 애자일 코치를 육성하거나 영입하는 일이 애자일 혁신의 성패에 핵심적인 요소가 되었다. 많은 기업들이 자체 프로그램으로 애자일 코치들을 육성하고 있는데 애자일마케팅 성공을 위해서도 역량 있는 애자일 코치 육성은 매우 중요해졌다.

비단 애자일마케팅뿐만 아니라 기업의 전반적인 애자일 트랜스포메이션을 위해 반드시 필요한 애자일 코치는 어떤 요건을 갖추어야 할까? 기업의 특성에 따라 요구되는 역량은 여러 가지가 있지만 전문가들이 제시하는 핵심적인 것들을 정리하면 다음과 같다.

① 애자일 방법론에 대한 지식과 경험

애자일 코치에게 가장 기본적인 역량이다. 애자일 코치는 애자일의 가치와 원칙에 대한 깊은 이해를 갖추고 있어야 한다. 애자일을 실천해보면서 애자일 조직에서 일한다는 것이 구성원에게 어떤 의미로 와닿는지 직접 경험해봐야 한다. 실천 경험이 있는 애자일 코치만이 팀 또는 조직과 진정으로 연결될 수 있다.

② 교육/멘토링 역량

이 두 가지는 콘텐츠를 전달하는 역량이다. 애자일 코치는 다른 이들의 성장을 도울 수 있도록 자신의 경험과 지식 그리고 그것을 올바른 방식으로 훌륭하게 가르쳐 줄 수 있는 능력이 있어야 한다.

③ 코칭/퍼실리테이션 역량

이 두 가지는 프로세스를 다루는 역량이다. 코치 또는 퍼실리테이터는 전문성이나 의견을 내세우기보다는 다른 이들이 직접 방향을 결정하고 목표 달성 방법을 찾을 수 있도록 도와줘야 한다. 애자일 코치는 직접 답을 제시하기보다 인내심을 갖고 사람들이 스스로 올바른 해답

을 깨달을 수 있도록 효과적인 방법을 제시한다.

④ 기술/비즈니스/변화 전문성

마케팅 분야의 애자일 코치라면 해당 기업의 비즈니스 전반과 마케팅 관련 디지털 기술에 대한 전문 지식이 필수다. 소프트웨어와 같은 제품 개발 분야의 애자일 코치 역시 디지털 기술과 해당 비즈니스에 대해 전문 지식을 갖추어야 한다. 어떤 영역의 애자일 코치이건 간에 기술 발달에 대한 전문 지식, 해당 비즈니스 가치에 대한 이해, 더 나아가 직의 변화와 혁신을 촉진하는 방법 등에 대한 지식은 갖추어야 하며 그래야 훌륭한 애자일 코치가 될 수 있다.

V

애자일마케팅
(3) 디지털
테크놀로지

1

마케팅 테크놀로지 기반의 애자일마케팅

지금까지 애자일마케팅의 전략과 운영 파트에서 설명한 대로만 된다면 마케팅 부문의 효율성과 효과성은 극적으로 성장할 것이다. 그러므로 대부분의 회사는 마케팅이 애자일해지기 원할 것이다. 그러나 문제는 이를 가능케 해줄 'enabler'로서의 테크놀로지이다. 디지털 마케팅 시대의 마케팅 애자일화는 단순히 SFC 워크숍이나 스크럼 같은 아날로그적 애자일 방식만으로는 부족하다. 마케팅 관련 디지털 테크놀로지가 뒷받침될 때 보다 완벽한 애자일마케팅이 가능해진다.

애자일마케팅에서는 정보와 일 처리의 투명성, 신속한 피드백, 작은 팀과 분산 리더십, 빠른 빈도의 짧은 행동 주기 등이 핵심이며 이는 마케팅 관련 다양한 디지털 테크놀로지를 활용하면 충분히 가능하다. 마

케팅 테크놀로지 관점에서 보자면, 데이터 중심의 체계를 구축하고 모든 의사결정이 데이터에 기반해서 적시에 가능하도록 지원함으로써 애자일마케팅을 지원할 수 있다.

몇 년 전이라면 불가능했을 다양한 데이터 관련 기술들이 발달해 있으므로 스프린트 백로그들을 식별하고 이를 테스트하는 것들이 어렵지 않다. 그런 맥락에서 '빠른 실패fail fast'라는 것은 결코 실패를 의미하지 않는다. 오히려 빠른 실패를 허용하지 않는 것이 더 큰 실패로 가는 길이 될 수도 있다. 빠른 실패를 통해서 사업의 성과를 만들어 낼 수 있는 비결이 바로 마케팅 테크놀로지에 기반한 애자일마케팅이다.

고객여정에 따른 마케팅 활동은 마케팅의 성공 확률을 높이기 위해서 반드시 필요하다. 이에 따른 마케팅 활동의 목표는 크게 네 가지 영역별로 존재한다. 인지도를 높이고, 잠재 고객을 확보하고, 마케팅/영업 기회로 육성하고, 계속해서 다음 단계인 구매/재구매/브랜드 서포터로 전환하는 것이다. 목표 달성을 위해 마케터는 다양한 데이터 분석으로 고객에 대한 인사이트를 확보하고 이를 기반으로 콘텐츠를 개발/배포/확산하여 지속적으로 잠재 고객 혹은 고객의 전환을 유도하는 활동을 한다.

그러기 위해 마케터는 자신의 관점에서 바라본 고객여정(고객 인사이트 개발, 디지털 콘텐츠 개발/배포/확산, 고객의 전환 유도)에 맞추어 마케팅 테크놀로지

를 이해하고 부분적 혹은 통합적으로 활용할 필요가 있다. 다행히 마케팅 테크놀로지는 마케팅 활동의 상당 부분을 지원할 수 있는 수준까지 와 있다. 브랜드 및 디자인 창작에 관한 일부를 제외하면, 마케터가 테크놀로지를 활용할 수 있는 기회는 도처에 깔려 있다.

특히 애자일마케팅에서 디지털 테크놀로지 효과를 극대화할 수 있는 영역은 고객 피드백을 통해 '고객 인사이트'를 얻는 영역과 이를 반영하여 다시 스프린트를 구성하고 빠르게 마케팅 활동을 반복할 수 있는 '이터레이션iteration' 영역이다.

무엇보다도 고객의 피드백을 직간접적으로 얻을 수 있는 테크놀로

<그림 V—1> 마케터 관점의 고객여정과 마케팅 테크놀로지

인지(Awareness)	확보(Acquisition)	육성(Nurture)	전환(Conversion)
광고(Paid Media)	랜딩페이지/블로그	이메일/SNS	Sales Enablement/ 영업관리
웹사이트 (Owned Media)	폼(Form)/ 콜투액션(CTA)	캠페인 자동화	
소셜(Earned Media)	리마케팅 (Remarketing)	CRM	
데이터 & 분석			
콘텐츠 관리			
협업 & 프로젝트 관리			

지는 매우 빠르게 진화하고 있다. 간접적인 고객의 피드백은 고객 행동 기반 데이터로 구글애널리틱스Google Analytics나 소셜 미디어 분석 툴을 통해 비교적 손쉽게 활용할 수 있다. 이들의 활용처 또한 다양하다. KPI를 설정하여 지속적으로 모니터링하고 관리할 수 있고, 얻어낸 데이터를 페르소나 개발에 활용할 수도 있다. 또한 경로 분석, 이탈률, 키워드 분석 등을 통해 터치포인트별 개선을 할 수도 있다.

또한 빠른 '마케팅 이터레이션'을 지원해 테크놀로지도 다양하게 활용할 수 있다. 이는 특히 단순 작업의 효율을 높여주기 때문에 마케터의 삶의 질 향상에 도움을 준다. 이들을 활용하면 A/B 테스트를 통해서 수시로 마케팅 최적화가 가능하고, 개인화도 가능하다. 즉 이메일/메신저 등 고객 최접점 채널을 최대한 개인화된 메시지 창구로 활용할 수 있게 된다. 그뿐만 아니라 고객의 피드백 관련 테크놀로지와 결합하면 매우 강력한 '매출 전환conversion' 도구가 될 수 있다. 단 '마케팅 이터레이션'은 잠재 고객 혹은 고객의 반응을 필요로 하는 마케팅 활동 기반이기 때문에, 이를 얻기 위한 리드타임이 발생하는 점을 고려해야 한다.

그러면 '고객 피드백'과 '마케팅 이터레이션'을 중심으로 마케팅 테크놀로지를 결합해서, 애자일마케팅 백로그를 측정하고 분석하고 이를 지속적으로 최적화할 수 있는 방법에 대해서 조금 더 알아보자.

2

애자일마케팅 백로그 추적 — Track it

마케팅뿐만 아니라 경영 전반에 걸쳐 "측정되지 않는 것은 관리할 수 없다."라는 유명한 말이 있다. 마케팅 노력 역시 측정하고 모니터링하지 않으면 투자한 비용이 낭비될 수 있다. 그러므로 애자일마케팅에서도 개별 백로그들이 성공했는지 아닌지 여부를 모니터링하고 추적하는 것은 매우 중요하다.

SFC 워크숍을 통해 전략을 창조하고 스크럼을 통해 이를 실행하는 것만큼 흥미진진하지 않을지는 모르겠지만 성공 여부의 추적은 그 어느 것보다 중요하다. 추적을 통해 효과가 있는 부분과 그렇지 않은 부분 그리고 효과를 높이기 위해 무엇에 집중해야 하는지 알 수 있다. 추적을 통해 작동하는 것과 작동하지 않는 것을 정확하게 볼 수 있다. 추

적을 하면 예산을 낭비하지 않고 전략을 다시 계획하고 예산을 최적화하여 분배하는 방법을 알 수 있다. 이렇게 되면 마케팅에서도 점점 실제 효과를 내는 것에만 투자하게 된다. 그럼으로써 지속적으로 강화된 애자일마케팅 전략의 수립과 마케팅에 대한 투자 수익의 극대화라는 두 마리 토끼를 잡을 수 있게 된다.

단 이 모든 것은 개별 혹은 통합된 애자일마케팅 캠페인을 처음부터 추적하는 경우에만 가능하다. 그러나 걱정할 필요는 없다. 이미 마케팅 데이터 추적은 가장 간단한 프로세스가 되었다. 페이스북, 트위터, 유튜브 같은 소셜 미디어나 네이버, 구글과 같은 검색 포털에 기본적인 분석 도구가 내재되어 있기 때문이다. 애자일마케팅의 백로그를 효과적으로 추적하기 위한 방법은 세 가지가 있다.

첫 번째는 웹사이트 추적이다. 마케팅 캠페인을 추적하는 가장 기본적인 방법이다. 웹 로그 분석을 통해 웹사이트 방문자의 위치, 방문한 페이지 및 각 페이지에서의 체류 시간을 확인할 수 있다. 가장 많은 클릭을 발생시키는 마케팅 전술과 이 전술들이 고객들에게 어떻게 전환되는지 파악할 수 있다.

많은 분석 도구가 있지만 가장 일반적인 도구는 구글애널리틱스GA/Google Analytics이다. GA는 대부분의 웹사이트 소유자가 사용하는 것으로 초보자도 배우 쉽게 사용할 수 있다. GA를 사용하면 모든 마케팅 데이

터를 보다 쉽게 추적할 수 있다. 웹사이트 방문자가 어디에서 왔으며, 얼마나 많은 방문자가 전환되고, 구매하는지 등 마케터가 원하는 행위를 추적할 수 있다. 특히 GA 프로그램은 서치콘솔Search Console, 유튜브, 구글애드워즈(AdWords, 광고 도구) 같은 다른 마케팅 프로그램과 매우 효과적으로 작동한다.

<그림 V—2> 구글애널리틱스(Google Analytics) 화면

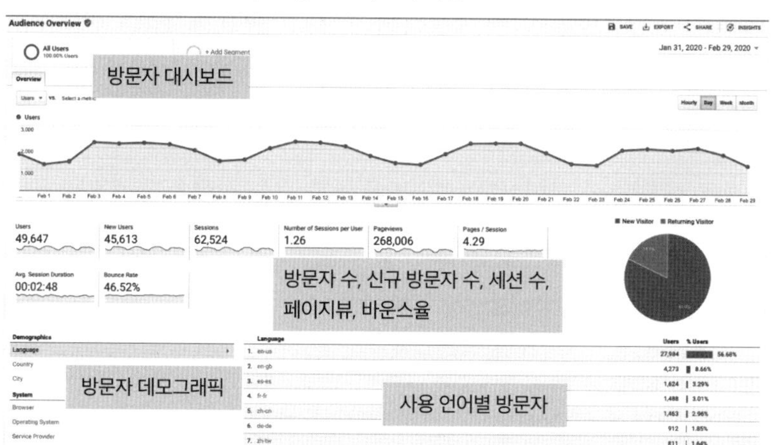

출처: Google analytics demo account screenshot

두 번째는 광고 네트워크 전환 추적이다. 페이스북, 인스타그램, 트위터, 구글애드워즈 등과 같은 모든 주요 광고 네트워크나 채널은 전환 추적 도구를 제공한다. 이 도구는 유료 광고 캠페인이 실제로 작동하는지 확인할 수 있기 때문에 매우 중요하다. 새로운 판매, 가입, 앱 다운로드 등에 대한 정보를 얻을 수 있다. 광고 전환 추적 작업은 매우 빠르고 쉽게 할 수 있으며, 이를 추적함으로써 고객에 대한 인사이트를 확

보할 수 있다.

마지막 세 번째는 CRM 추적이다. CRM(고객 관계 관리) 플랫폼은 잠재 고객 활동 또는 영업 프로세스 관리에 주로 사용되는 도구이다. CRM을 통해 개인화된 프로파일을 작성하여 해당 고객이 자사의 비즈니스에 어떠한 영향을 주고 있으며, 어떠한 채널과 육성 경로를 거쳐 왔는지 상세한 데이터 인사이트를 확보할 수 있다.

CRM은 마케팅 캠페인을 추적하는 데도 매우 강력하다. 허브스팟HubSpot이나 세일즈포스Salesforce에서 제공하는 CRM 솔루션은 고객들이 웹사이트 및 이메일에 대한 반응을 분석할 수 있도록 지원하고 있어, 마케팅 캠페인별로 호응도가 좋은 잠재 고객을 필터링하거나 정렬하여 마케팅 활동의 성과를 실시간으로 확인할 수 있다.

<그림 V—3> 허브스팟(HubSpot)

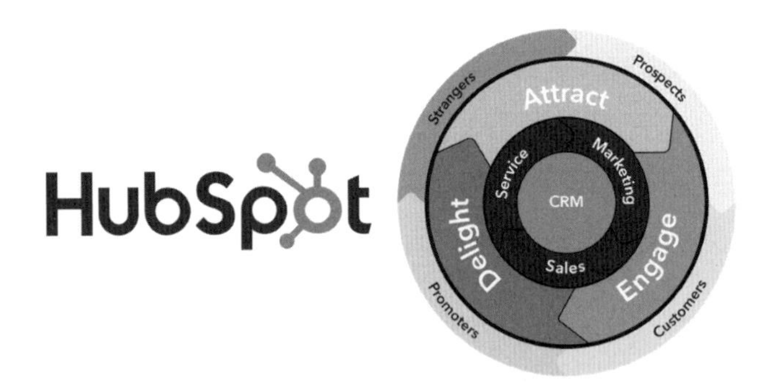

출처: 허브스팟 웹사이트

3

애자일마케팅 백로그 분석 - Analyze it

대기업이나 중견 기업에서는 데이터 분석을 담당하는 인력이 존재한다. 글로벌 기업일수록, 데이터 분석을 더욱 중요하게 인식하여 이를 위한 별도의 전문 팀을 구성하여 운영한다. 그만큼 마케팅 영역에서는 다양하고 많은 양의 데이터를 다룬다. 그러나 막상 현장에서 마케팅 관련 데이터를 '훌륭하게 다루는' 마케터는 거의 없다고 한다. 왜 그럴까?

우선 마케팅 노력은 본질적으로 매출 혹은 이에 대한 영향력 측면에서 정량화하기 어렵다. 그러다 보니 지금까지 마케터들은 업무 중 상당 부분을 제품/기업 이미지, 고객의 인식 개선 및 브랜드에 자원을 투입해 왔다. 그럼에도 불구하고 경쟁이 치열해질수록 무시 못할 정도의 비용이 투자되는 마케팅 부문에 대해 경영자들은 점점 더 가시적이고 계

량 가능한 지표를 요구하고 있다. 안타깝게도 마케터의 대부분은 자신이 하는 일이 얼마나 중요한지 알고는 있지만, 이 중요성을 숫자로 뒷받침할 수 있는 마땅한 방법을 찾기 어려웠다. ITSMA(미국 기반의 B2B 마케팅 교육기관으로 글로벌 커뮤니티, 마케팅 인사이트 등을 제공)에 따르면 조사에 응한 마케터의 74%가 자신의 노력이 사업 성과에 미치는 영향을 측정하거나 보고할 수 없다고 토로했다. 마케터들이 데이터와 마케팅 분석에 어려움을 겪고 있다는 것은 보편적인 현상이라 해도 과언이 아니다. 그리고 이러한 보편적인 현상은 마케팅 활동과 사업 성과의 연결 고리를 입증할 데이터와 분석 기술의 부족 때문에 생긴 것이다.

<그림 V–4> 마케팅 효과 입증에 대한 마케터 설문 조사

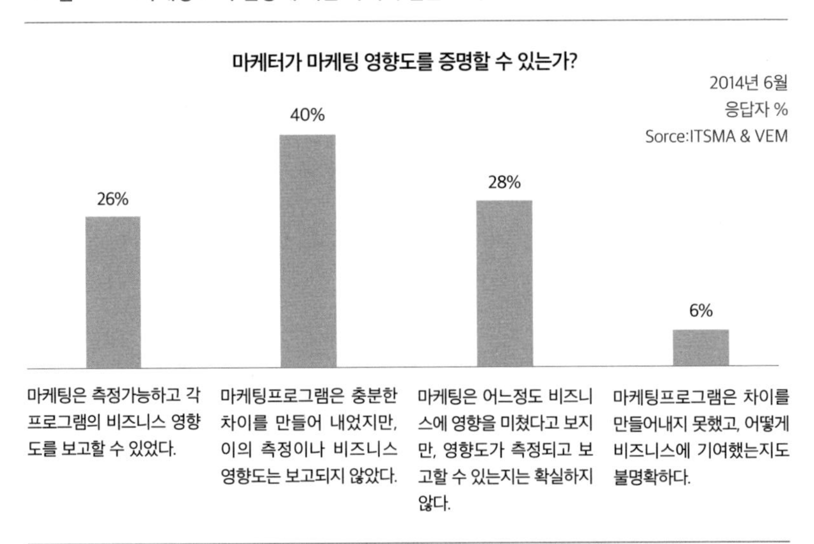
마케터가 마케팅 영향도를 증명할 수 있는가?
2014년 6월
응답자 %
Sorce:ITSMA & VEM
26%
40%
28%
6%
마케팅은 측정가능하고 각 프로그램의 비즈니스 영향도를 보고할 수 있었다.
마케팅프로그램은 충분한 차이를 만들어 내었지만, 이의 측정이나 비즈니스 영향도는 보고되지 않았다.
마케팅은 어느정도 비즈니스에 영향을 미쳤다고 보지만, 영향도가 측정되고 보고할 수 있는지는 확실하지 않다.
마케팅프로그램은 차이를 만들어내지 못했고, 어떻게 비즈니스에 기여했는지도 불명확하다.

출처: ITSMA/ VEM(2014), itsma.com

그러나 이제 이야기가 달라지고 있다. 디지털 마케팅의 부상으로 더 이상 데이터를 확보하지 못하거나 분석하여 활용하지 못한다는 변명이 통하지 않게 되었다. 이제 마케팅의 가치를 마케터 스스로 입증해야 하는 시대가 된 것이다. 애자일마케팅도 결국에는 마케팅의 가치를 마케터 스스로 입증할 수 있도록 돕는 방법론이다. 애자일마케팅을 수행하면서 꾸준히 분석 프로세스를 지키고, 데이터를 기반으로 의사 결정을 수행해 나가면 측정 가능한 결과를 얻을 수 있으며 마케팅 노력의 가치를 결과와 연계하여 입증할 수 있다.

앞서 언급했듯이 마케팅 데이터 분석은 마케팅에 들인 노력이 사업의 성과에 얼마나 영향을 주는지 측정하는 것이다. 이를 위해서는 웹사이트 트래픽부터 페이스북 페이지의 좋아요까지 다양한 마케팅 활동과 고객여정 관련 데이터가 필요하다. 이러한 데이터를 여러 가지 방법으로 분석하여 마케팅 관점에서 효과가 있는 활동, 개선할 수 있는 대상, 분석을 통한 기대 수익 등을 파악할 수 있다.

마케팅 데이터 분석은 단발성으로 필요할 때만 하는 것이 아니라 지속적으로 데이터를 수집하여 측정할수록 매우 강력해진다. 데이터가 계속 축적될수록 훨씬 정확한 결과를 얻을 수 있기 때문이다. 그러므로 시스템화해서 사람이 직접 하지 않아도 자동적으로 수행되도록 하는 것이 가장 좋다. 그렇다면 마케팅 데이터 분석을 통해 기업이 얻을 수 있는 효과는 무엇일까?

우선 정확한 현황에 대한 진단이 가능하다. 실제로 다음과 같은 사례가 보고된 적이 있다. 새로운 웹사이트의 오픈 후 처음 3개월 동안 트래픽이 급감하였고 그 이후 급격히 증가했다. 신규 오픈한 웹사이트이기 때문에 이러한 급감/급증의 추이도 정상적인 것처럼 받아들여질 수 있다. 그러나 세분화된 수준의 데이터를 분석하자 트래픽이 하루 만에 기하급수적으로 증가한 것으로 나타났고, 추가 분석을 통하여 가짜 트래픽이라는 것을 확인하였다. 디지털 마케팅에서 이런 가짜 트래픽이 종종 있을 수 있다. 그러나 마케팅 데이터를 수집하고 분석하지 않으면 절대로 알 수 없다. 대행사의 분석 보고서로는 이러한 진짜 현상을 파악할 수 없으며, 따라서 잘못된 의사결정을 할 수도 있다.

또 하나의 효과는 현실적인 관점과 성취 가능한 기대 수준을 제공할 수 있다는 점이다. 데이터 분석을 통해 현재 상태에 대한 정확한 인식과 미래에 대한 통찰력을 얻을 수 있어 기대치와 목표를 설정하는 데 도움이 된다. 현재 사이트의 월간 방문자 수가 2,000명인 경우 2~3개월 내에 월간 방문자 수가 10,000명으로 증가하지는 않는다. 단시간에 400% 증가하는 경우보다 월간 방문자 수가 4,000명으로 증가하는 것이 더 현실적일 수 있다.

이와 더불어 페이스북과 같은 소셜 미디어에서 데이터를 추적하면 전략에 도움이 되는 추세를 찾을 수도 있다. 예를 들어 동일한 목표 고객군을 설정한 후 마케팅 콘텐츠를 커뮤니티, 이벤트, 특정 지역으로

나누어 페이스북에 게시할 경우 콘텐츠 클릭 및 참여를 추적하면 어느 곳에서 어떤 콘텐츠들이 가장 실적이 좋은지 파악할 수 있으며 향후 마케팅 전략에 반영할 수 있다.

디지털 채널로 인해 데이터포인트(데이터가 발생하는 접점), 데이터 종류, 데이터 양이 기하급수적으로 늘어나면서 마케터의 데이터 분석 업무도 점점 어려워지고 있다. 애자일마케팅에서도 어떤 항목을 추적하고 분석해야 하는지, 이를 어떻게 구현해야 하는지에 대한 현실적인 고민이 더 많을 수밖에 없다.

이에 따라 이미 2010년대 중반부터 마케팅의 영향도를 측정할 수 있도록 설계된 소프트웨어와 솔루션 시장이 빠르게 성장하고 있다. 〈월스트리트저널Wall Street Journal〉에 따르면, 마케팅 부서가 CTO/CIO를 제치고 기업 내 가장 큰 IT 지출 부서로 부상했다. 또한 마케팅 분석에 대한 지출은 2020년까지 10% 내외로 매년 증가할 것으로 예상된다. 그만큼 마케팅과 관련한 데이터 분석 테크놀로지의 발전 속도가 점차 빨라지고 있는 것이다. 데이터 분석에 대한 마케터의 고민은 크게 다음 세 가지이다.

① 어떤 데이터를 추적할 것인가?
② 우리가 원하는 분석 중 데이터 추적이 가능한 것들은 무엇인가?
③ 데이터 분석 테크놀로지를 현재 보유하고 있는 시스템과 어떻게

통합할 것인가?

마케팅 분석을 지원할 수 있는 테크놀로지 솔루션들은 이미 많기 때문에 보다 다양한 분석과 통찰력을 얻기 위해서 전문적인 분석 도구를 활용하는 것이 좋다. 예를 들어 Hotjar와 같은 웹사이트 트래픽 매핑 툴은 방문자가 사이트에 들어와 가장 많은 시간을 보내는 위치가 어디인지를 보여준다. 소셜 분석을 더 전문적으로 하고 싶다면 Hootsuite 같은 도구를 사용해 볼 수도 있다. 궁극적으로 다양한 마케팅 데이터포인트를 하나로 통합 분석하고, 이러한 분석 인사이트와 고객의 반응에 따라 실시간 마케팅을 전개하려면 허브스팟HubSpot 같은 마케팅 자동화 도구가 도움이 될 수 있다.

디지털 마케팅 활동은 한마디로 목표 고객에게 그들이 원하는 채널에서 매력적인 콘텐츠를 제공하여 단순 방문을 구매로 전환시키고자 하는 것이다. 그러므로 이에 대한 분석은 채널 효과 분석, 콘텐츠 효과 분석 그리고 고객 전환 가능성 분석으로 구성할 수 있다.

① 채널(웹사이트/모바일 앱)의 영향도 측정

웹사이트 및 모바일 앱 추적 도구는 애자일마케팅에서 백로그 수행 결과를 측정하는 데 필요한 가장 기본적 도구라고 할 수 있다. 현존하는 가장 강력한 추적 및 분석 도구 중 하나인 믹스패널Mixpanel은 포괄적인 사용자 행동을 추적하여 사용자가 웹 및 모바일 자산에서 수행하는

작업 또는 애플리케이션 내에서 얼마나 많은 시간을 소비하고 있는지 자세히 보여준다.

<그림 V—5> 믹스패널(Mixpanel) 화면 예시

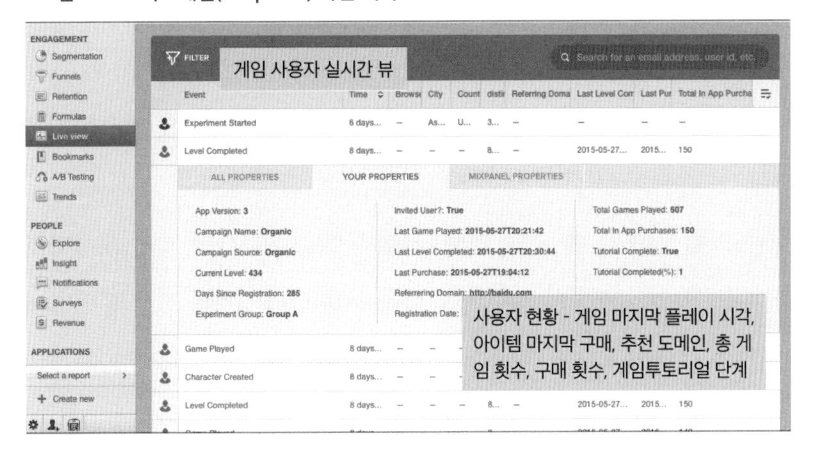

출처: Mixpanel screenshot

믹스패널을 활용하면 매우 흥미로운 패턴의 데이터를 추적하여 분석할 수 있다. 예를 들어 웹사이트나 모바일 앱 사용자가 접속하는 경로, 접속하는 지역과 시간, 가장 자주 누르는 버튼 또는 특정 기능에 대한 사용률 등을 알 수 있다. 또한 다중 요인 분석을 사용하면 수행한 마케팅 캠페인을 기준으로 사용자의 유지율을 비교하여 이익에 가장 많이 기여하거나 장기간 고객을 확보한 캠페인이 어떤 것인지 파악할 수 있다. 이를 통해 스프린트에서 수행된 백로그 간 상호 연관성과 우선순위를 쉽게 파악할 수도 있다.

② 콘텐츠의 영향도 측정

대부분의 마케터들이 많은 시간과 노력을 들이고 있는 콘텐츠를 분석하면 특정 게시물의 비즈니스 영향도를 측정할 수 있다. 또한 이를 활용하여 백로그별 개선 포인트를 도출할 수 있다. 콘텐츠 마케팅 플랫폼을 제공하는 솔루션들이 이를 가능하게 한다. 허브스팟HubSpot과 카포스트Kapost 같은 솔루션은 콘텐츠별 기여율에 대해서 콘텐츠 스코어링을 제공한다. 예를 들어 단일 소셜 미디어 포스트 또는 블로그 게시물이 비즈니스 전체에 기여한 수익을 알 수 있다.

<그림 V—6> 허브스팟(HubSpot) 화면 예시

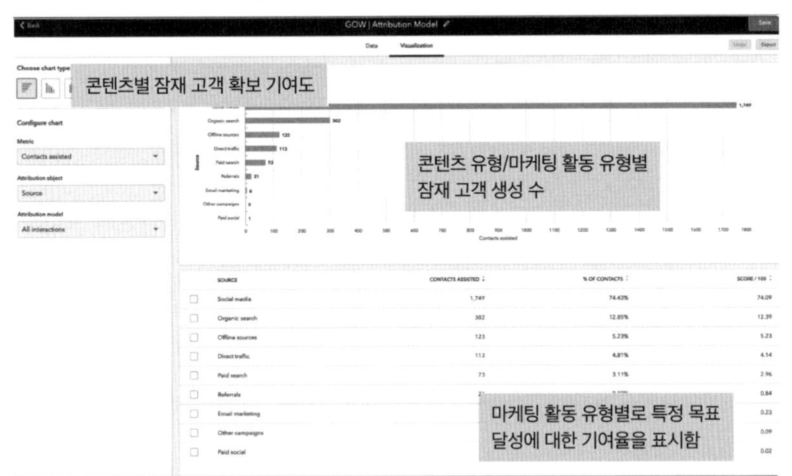

출처: HubSpot dashboard screenshot

이를 위해 먼저 고객여정을 추적해야 한다. 다시 말해 목표 페르소나가 구매와 재구매 그리고 옹호 단계까지 거쳐 간 고객여정을 추적해

야 한다. 이 여정은 마케팅 자동화와 CRM 데이터를 사용하여 식별할 수 있다. 이러한 면밀한 추적을 통해 고객이 구매를 결정하기 전에 어떤 콘텐츠를 접촉했는지 파악할 수 있다. 그런 다음 개별 콘텐츠(개별 블로그 게시물, eBook 및 소셜 미디어 포스팅 등)에 따라 고객이 발생시킨 총수익의 상대적 비중을 배분하여 분석한다. 이렇게 하면 어떤 단일 콘텐츠의 주제, 유형, 미디어 등이 실제로 고객에게 영향을 미치는지 확인할 수 있다.

③ 잠재 고객 예측 분석

사실 마케터의 가장 중요하면서도 근본적인 목표는 더 많은 잠재 고객을 확보하는 일이다. 그도 그럴 것이 잠재 고객을 예측해서 마케팅 캠페인을 진행한다면 마케팅의 성공 확률은 높아질 수밖에 없기 때문이다. 게다가 디지털 기술 발달로 잠재 고객 확보 업무가 마케터에게 점점 더 많이 요구되고 있다. 이를 지원하는 마케팅 분석 테크놀로지는 리드예측분석인데, 최근에는 인공지능까지 접목되어 기술적으로 발전하고 있는 단계이다. 리드예측모델링은 마케팅 팀이 보유하고 있는 기존의 데이터를 분석하여 향후 고객의 행동 패턴을 예측한다. 이렇게 되면 마케팅 담당자는 고객별 수익 잠재력을 최적화하기 위해 어떤 메시지 또는 콘텐츠를 작성해야 하는지 보다 구체적으로 파악하고 대응할 수 있다.

허브스팟HubSpot 같은 마케팅 자동화 도구는 인공지능 기반의 리드

스코어링 기능을 제공하는데, 예측 알고리즘에 사용하는 변수에는 인구통계 정보, 회사 정보, 온라인 행동, 이메일 참여, 소셜 네트워크 참여 등이 기본적으로 포함된다.

4

애자일마케팅 백로그 시각화 — Visualize it

'데이터 시각화'는 보다 나은 통찰력을 끌어낼 수 있도록 데이터 분석 결과를 그림이나 도표 같은 시각적 형태로 표현하는 것을 의미한다. 데이터 시각화를 하면 데이터 내에서 복잡한 관계를 쉽게 이해할 수 있으며, 텍스트 기반 데이터에서 알아내기 어려운 패턴, 추세 및 상관관계를 쉽게 인식할 수 있다.

문자가 생기기 이전에 인류는 그림으로 의사소통을 해 왔다. 인류가 사용한 최초의 그림들은 아이디어, 계획 및 역사를 표현하는 것이었다. 생물학적으로 인간의 눈을 통해 얻는 시각 정보의 양은 다른 기관을 통해 얻는 정보의 양을 훨씬 능가한다. 인간에게 시각화는 보다 복잡한 정보를 처리하고 기억을 향상시키는 데 도움이 된다. 대부분의 사람들

은 통계 데이터에 대해 잘 모르기도 하고 기본 통계 방법(평균, 중간, 범위 등)은 인간의 인지적 특성과 일치하지 않는다.

데이터 시각화는 복잡한 데이터를 그래픽 형식으로 표현하여 비즈니스 상황을 보다 쉽게 이해하고 중요한 패턴을 식별하는 데 도움을 준다. 가령 10여 개의 서로 다른 광고 플랫폼과 내부 시스템을 활용하면서 캠페인의 효과를 신속하게 파악하려는 마케터의 경우를 예로 들어보자. 이 마케터가 자신이 수행한 캠페인의 효과를 파악하려면 10여 개에 달하는 시스템에서 각각 보고서를 취합하여 데이터를 결합한 다음 엑셀에서 분석해야 한다. 그런 다음 다양한 지표와 속성을 검토한 후 결론을 내리게 된다.

그러나 이렇게 하면 데이터 간 연결 자체가 어렵고, 결론을 쉽게 도출할 수도 없을뿐더러 결론을 이끌어 낸다 하여도 그 결론에 대한 신뢰가 부족할 가능성이 높다. 하지만 데이터를 시각화해서 데이터 소스와 계층을 자동으로 연결하면 마케터가 데이터를 쉽게 분할하고 분석할 수 있으며 마케팅 성과에 대한 결론도 신속하게 도출할 수 있다.

전년도 재킷 판매와 양말 판매를 비교하려는 소매업체의 예를 한번 보자. 다음 그림과 같이 데이터를 표와 시각화 차트로 표현해 볼 수 있다. 하지만 표를 통해 정확한 정보를 볼 수 있음에도 데이터가 알려주는 트렌드와 시사점을 즉시 파악하기는 어렵다.

<그림 V—7> 소매업체의 매출 데이터 테이블 예시

Revenue - Jackets and Socks (Thousands of U.S. $)

	Jan	Feb	Mar	Apr	May	June	July	Aug	Sep	Oct	Nov	Dec
Jackets	$ 800	$ 700	$ 400	$ 300	$ 100	$ 30	$ 10	$ 100	$ 200	$ 400	$ 600	$ 900
Socks	$ 190	$ 180	$ 170	$ 180	$ 190	$ 200	$ 180	$ 190	$ 200	$ 170	$ 185	$ 200

출처: microstrategy.com

이번에는 동일한 데이터를 선형 그래프로 시각화해 보자. 시각화를 통해 양말 판매량은 12월과 6월에 조금씩 증가하면서 일정하게 유지되고 있음을 알 수 있다. 반면 재킷 판매는 계절에 따라 다르며 7월에는 저점에 도달한다. 그런 다음 12월에 상승 정점에 도달한 후 하락 직전까지 월별 감소한다. 물론 표에서도 동일한 시사점을 얻을 수는 있지만 시간이 훨씬 오래 걸린다. 실제 마케팅 현장에서는 수천 개의 데이터가 있는 표를 처리해야 한다.

<그림 V—8> 소매업체의 매출 데이터 그래프 예시

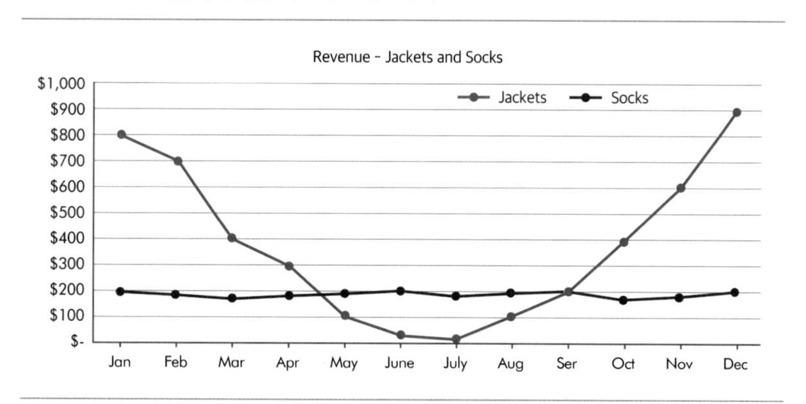

출처: microstrategy.com

초기 단계에서 데이터를 시각화하는 가장 효과적인 방법은 뭐니 뭐니 해도 엑셀 기능을 활용하는 것이다. 편리한 스프레드 시트로 시작하여 메시지를 전달하거나 비즈니스 트렌드를 이해하는 데 도움이 되는 간단한 테이블이나 차트를 만들 수 있다. 그러나 데이터의 양이 많아지고 다양해지면서, 엑셀에서 처리할 수 없는 수준으로 발전한 데이터들에 대해서는 원형, 선, 막대그래프 혹은 더욱 복잡한 시각화가 필요하다.

데이터 시각화 테크놀로지란 간단하게 말해서 데이터를 그래픽으로 변환시키는 기술이다. 마케팅 데이터 시각화를 위한 테크놀로지로는 일반적으로 알R, 지지플롯2ggplot2, 파이선Python 등이 사용된다. 일반적인 시각화 기술은 다음 그림에서 보듯이 데이터를 필터링하고 표현 가능한 시각적 형식으로 변환한 다음 사용자가 볼 수 있는 형태로 나타내는 것이다. 이를 위해서 삼각함수, 기하학 알고리즘, 그래픽, 통계 알고

<그림 V—9> 데이터 시각화 프로세스 도해

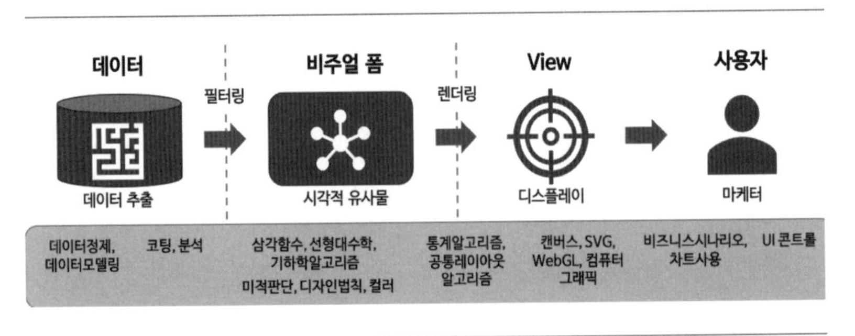

출처: towardsdatascience.com, 자체 편집

리즘, 데이터 모델링, 디자인 코딩 등의 시각화 기술이 필요하다. 데이터 시각화 기술은 전문적인 수학, 통계학, 엔지니어링, 심미학 등 다양한 전문 분야를 요구하므로, 데이터 시각화에 관련된 상용 솔루션 사용을 권장한다.

최근에 나오는 데이터 시각화 소프트웨어에서는 마케터들이 데이터를 표현하는 가장 좋은 방법을 스스로 선택할 수 있다. 또한 더 많은 소프트웨어가 이 선택의 단계를 자동화하고 있다. 특히 일부 데이터 시각화 소프트웨어는 데이터의 형태를 자동으로 해석하고 특정 변수 간의 상관관계를 감지한 다음 스스로 최적이라고 판단한 차트 유형을 적용하는 수준까지 이르렀다.

데이터 시각화 소프트웨어 중 잘 알려진 도구로 태블로[Tableau]가 있다. 사용자는 대화형의 공유 가능한 대시보드를 만들고 배포하여 그래프와 차트에 데이터의 추세, 변경 및 밀도를 보여줄 수 있다. 태블로는 파일, 관계형 데이터 원본 및 빅데이터 원본에 연결하여 데이터를 가져오고 처리할 수 있다. 사용자가 직접 사용자 정의 코드를 작성할 필요가 없어 간단하다. 데이터 믹싱과 실시간 협업을 허용하는 등 편리한 기능을 제공한다.

<그림 V—10> 태블로(Tableau) 대시보드 예시

출처: Tableau 웹사이트

5

애자일마케팅 적용의 지름길, 마케팅 자동화

마케팅에서 고객이 누구인지를 아는 것만큼 기본적이고도 중요한 것은 없다. 예전 시골 장터에서 개똥이네 집에 숟가락 개수까지 알고 있던 구멍가게 할머니는 초기 단계 CRM을 이미 아날로그 방식으로 운영하고 계시던 셈이다. 현재의 마케팅은 산업화, 대중화, 글로벌화를 거쳐서 다시 예전 시골 장터처럼 개인화된 경험으로 관점이 이동되고 있으며, 이에 따라 마케터들은 고객여정 위에서 고객과의 상호작용을 효과적으로 해내야 하는 숙제를 가지고 있다.

앞에서도 언급했지만 고객여정은 고객 중심의 사고에서 시작된 것이다. 또한 디지털 기술의 발전은 고객 경험의 질을 높이기 위한 통합된 마케팅을 가능하게 한다. 이런 추이를 봐서 알 수 있듯이 마케팅에

서 기업이나 제품/서비스가 아닌 고객이 중심에 놓여야 하며 이에 따라 마케팅, 영업, 고객 지원이 하나의 팀처럼 움직이며 적시에 대응하는 것이 매우 중요해지고 있다. 이렇게 되기 위해서는 마케팅과 테크놀로지의 통합이 필수적이다. 게다가 마케터에게 기획력과 창조력에 더해 간단한 코딩과 빠른 데이터 분석력까지 요구되고 있다. 결국 오늘날 기능별로 나뉜 마케팅으로는 더 이상 수준 높은 고객 경험을 만들어 낼 수 없다. 이렇게 분절된 마케팅 업무는 고객여정에 따라 통합되고, 또 디지털 테크놀로지와 마케팅 역시 고객 경험의 질을 높이기 위해 하나로 통합되어야 한다.

이제 현실적인 이야기를 해 보자. 애자일마케팅 도입 초기에는 기능 횡단적인 애자일마케팅 팀을 만들기 위해 기존의 조직에서 마케터들을 차출했다. 차출된 마케터들은 다양한 스프린트에 참여하면서 마케팅 백로그를 실행하게 되는데 이것이 본인에게 주어진 주요 직무가 아니라면 마케터들의 업무에 무리가 따르게 된다.

그러나 이런 경우라도 마케터가 스스로 본인의 주요 업무를 백로그화하고 이를 빠르고 쉽게 테스트할 수 있는 환경이 조성된다면 스프린트 업무가 주요 업무가 아니라고 해도 애자일마케팅의 수행에 큰 무리가 없을 것이다. 즉 고객의 피드백을 거의 실시간으로 반영해서 스프린트 백로그의 수행 결과를 측정하고 이를 반복적인 마케팅 실행(마케팅 이터레이션)에 반영할 수 있도록 하면 애자일마케팅의 도입은 훨씬 용이해

진다.

그 해법이 바로 마케팅 자동화marketing automation이다. 마케팅 자동화를 도입하면 마케팅 활동의 결과에 대한 추적, 분석, 시각화 및 운영이 자동화되기 때문에 애자일마케팅 도입에 큰 도움을 받을 수 있다. 마케팅 자동화는 다양한 마케팅 관련 테크놀로지들이 결합하여 만들어 낸 마케팅 업무 방식으로서 고객 중심의 애자일마케팅을 지속적으로 향상시키는 데 도움을 줄 수 있다.

데이터의 추적, 분석, 시각화에 있어서 마케팅 자동화는 상황 인식Context aware을 할 수 있는 정보와 분석 체계, 리포트를 제공한다. 또한 이를 기반으로 개별 콘텐츠를 만들 수 있으므로 각 고객의 특성에 맞는 개인화된 경험을 제공할 수도 있다. 이러한 개별 콘텐츠 개발도 상황 인식 정보를 기반으로 훨씬 쉽고 효과적으로 할 수 있다.

고객여정상에서 고객의 속마음을 적시에 파악하고 이에 걸맞은 오퍼링과 커뮤니케이션을 할 수 있는 마케팅이 바로 애자일마케팅을 통해서 추구하고자 하는 바이다. 이런 맥락에서 보자면 결국 고객 중심 마케팅의 모든 단계에서 각각의 테크놀로지들을 통합적으로 활용할 수 있는 시스템이자 애자일마케팅 인프라로서 마케팅 자동화는 매우 유용하다고 할 수 있다.

VI

애자일 컴퍼니의 성공 사례

1
스포티파이

사실 스포티파이의 사례는 딱히 애자일마케팅에만 국한된 사례는 아니다. 그럼에도 사례 분석에 스포티파이를 싣는 것은 이 회사가 완벽한 애자일 컴퍼니 그 자체이기 때문이다. 스포티파이의 일하는 방식을 살펴보면 애자일마케팅에 대한 많은 시사점을 얻을 수 있다.

스포티파이는 다니엘 에크가 2008년 스웨덴에서 시작한 음악 스트리밍 서비스이다. 2019년 2월 기준으로 월 사용자는 2억 7천만 명이고 이 중 유료 결제 사용자는 9천 6백만 명 정도로, 우리나라 인구의 2배 가까이 된다. 이런 사용자 규모를 기반으로 2018년에는 광고와 유료 결제로 58억 8천만 달러(약 6조 7천억 원 정도)의 수익을 올렸고, 전 세계 지점에서 일하는 직원들만도 4천 명에 달한다. 2019년 기준으로 세계 최대

음악 스트리밍 서비스 기업이 바로 스포티파이다.

비즈니스 모델을 간단하게 설명하자면, 기본적으로 소니 뮤직, EMI, 워너 뮤직 그룹, 유니버설 등에서 라이선스를 취득하여 음악을 무료로 제공하는 서비스를 한다. 따라서 회원으로 가입만 하면 컴퓨터와 스마트폰 등을 통해 기본 기능 내에서 음악을 무료로 들을 수 있다. 이를 Freemium 서비스라고 하는데 광고가 딸려 나온다. 일정 요금을 내고 Premium 서비스를 이용하면 광고 없이 스포티파이의 모든 기능을 이용할 수 있다. 또한 완전히 파일로 다운받을 수 있는 것은 아니지만 오프라인에서 청취할 수 있는 서비스도 제공된다. 한마디로 음원계의 넷플릭스라고 부를 수 있다.

스포티파이는 그야말로 natural born, 즉 태생적 애자일 컴퍼니이다. 2008년 스트리밍 서비스를 시작할 때부터 스쿼드[Squad]라고 불리는 8명 미만의 팀을 구성하여 서비스를 개발하고 론칭했다. 각 스쿼드는 안드로이드 고객 개발, 스포티파이 라디오 서비스 개발, 백엔드 시스템 관리, 결제 솔루션 제공 등 자신들만의 장기적 임무를 수행하기 위해 디자인, 개발, 테스트 및 출시 등에 필요한 스킬과 도구를 갖춘 자생적인 조직[self-organizing]이다. 여기에는 명시적인 리더나 관리자는 없다. 대신 PO[Product Owner]가 있는데, 이들은 백로그나 to-do 리스트, 우선순위 설정 등 중요한 스쿼드 활동을 조정하는 역할을 한다. 또한 각 스쿼드 전담 애자일 코치도 있어서 애자일 방식의 입무 프로세스에 대해 코칭을

해준다.

<그림 VI—1> 스포티파이의 조직도

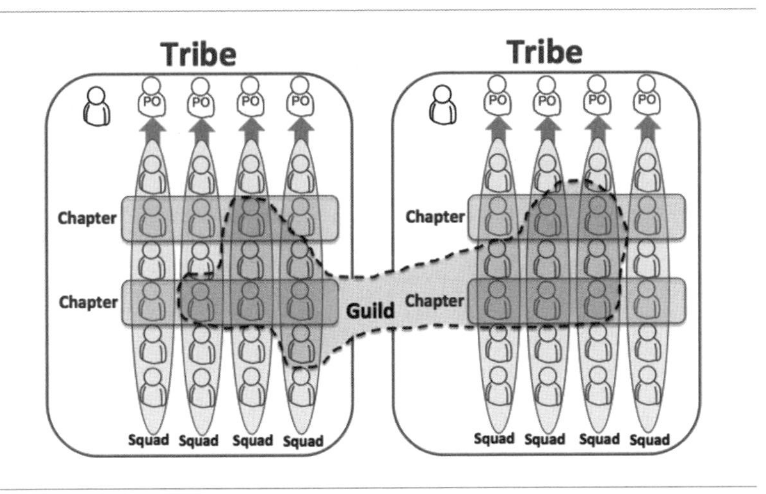

출처: 'Scaling Agile @ Spotify' by Henrik Kniberg & Anders Ivarsson

스쿼드는 마치 작은 스타트업 기업처럼 운영되는데, MVP를 만들어 바로 출시하고 그에 대한 시장 반응을 학습하면서 애자일하게 제품을 개발하는 방식으로 일한다. 이들은 전체 제품을 다 책임지는 것이 아니고 다음 그림에서 볼 수 있듯이 인프라를 담당하는 스쿼드, 플랫폼을 담당하는 스쿼드, 각종 기능Feature을 담당하는 스쿼드 등으로 나눠 자신들이 맡은 부분을 전적으로 책임지기 때문에 그 분야에서는 굉장한 전문성을 확보하게 된다.

<그림 VI–2> 스쿼드의 업무 분장

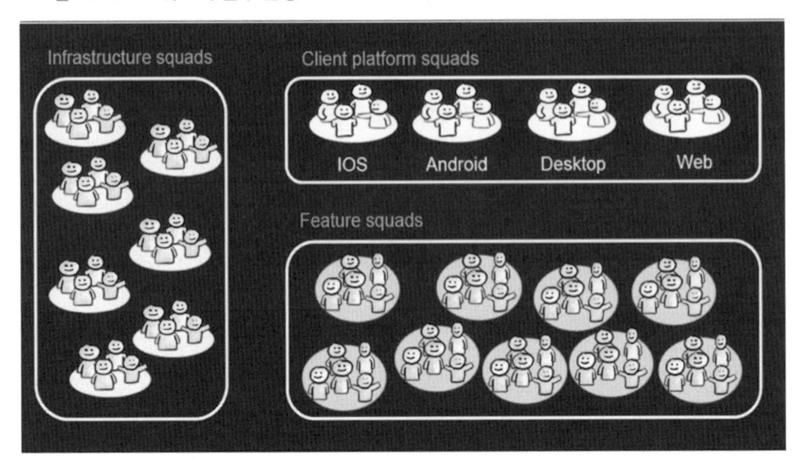

출처: 'Autonomy and leadership at Spotify' by Anders Ivarsson

그래서 새로운 제품을 개발할 때는 다음 그림에서 점선으로 표시된 부분처럼 자신의 전문성에 맞는 부분을 전담하여 개발하고 이것들을 조합하여 완제품을 만들어 낸다.

<그림 VI–3> 스쿼드의 제품 개발 방식

출처: 상동

이렇게 서로 하는 작업이 다른 만큼 각 스쿼드는 독립된 공간을 가진다. 일하는 곳은 물론, 브레인스토밍 등 집단지성을 활용할 수 있도록 하는 미팅 공간, 휴식과 이완을 통해 창의력을 높일 수 있도록 하는 개인적 공간 등이 따로 마련되어 있다. 게다가 모든 벽은 화이트보드로 만들어서 언제 어디서나 아이디어 토론이 가능하도록 했다.

<그림 VI–4> 스쿼드의 업무 공간

출처: 'Scaling Agile @ Spotify' by Anders Ivarsson & Henrik Kniberg

이런 스쿼드가 몇 개 모이면 트라이브Tribe가 된다. 트라이브는 뮤직 플레이어나 백엔드 인프라처럼 연관성이 높은 분야의 스쿼드 묶음이다. 트라이브는 미니 스타트업인 스쿼드의 인큐베이터쯤으로 생각하면 된다. 각각의 트라이브는 자치적이며 자유롭게 운영된다. 또한 트라이브에는, 각 스쿼드에게 최선의 업무 환경을 제공할 책임이 있는 리더가 있다. 같은 트라이브에 소속된 스쿼드들은 동일한 오피스 공간에서 서로 이웃하고 있으며 대개 라운지를 이용하여 자유롭게 협업을 한다.

그러나 트라이브가 스쿼드의 묶음이라고 해서 마냥 규모를 키울 수는 없다. 규모가 커지면 자연스레 생기는 관료주의, 정치적 행위, 비효율적 관리 등을 방지하기 위해 트라이브는 항상 100명 이하로 유지된다. 이렇게 여러 개의 트라이브가 자율적으로 운영되고 있는데 이들 트라이브들은 정기적으로 모임을 가지고 각 트라이브가 현재 어떤 일들을 하고 있는지, 어떤 제품을 성공적으로 완수했는지, 그리고 자신들이 수행한 업무에서 배운 교훈들은 무엇인지 등을 참석자와 공유한다.

트라이브 안에는 챕터라는 조직도 있다. (〈그림 VI—1〉 참조) 챕터는 스쿼드에 있는 팀원들 중 전문성이 같은 사람들끼리의 모임이다. 가령 A 스쿼드에 있는 마케터가 씨름하고 있는 문제는 지난주에 B 스쿼드의 마케터가 우여곡절 끝에 해결한 문제와 동일한 것일 수도 있다. 만약 각 스쿼드 안의 모든 마케터들이 자신이 속한 스쿼드에 관계없이 한자리에 모여 정보와 지식을 공유하고 새로운 도구나 방안들을 만들어 낼 수 있다면 모두에게 큰 이득이 될 것이다. 또 길드라는 조직도 있는데 이는 개인적으로 관심이 같은 사람들끼리 모여서 관련 사안들을 토론하는 모임이다.

완벽하게 자치적인 스쿼드들이 서로 커뮤니케이션도 없이 일을 한다면 어떻게 될까? 이는 마치 요즘 한창 뜨고 있는 공유오피스와 같을 것이다. 그러나 스포티파이는 단순한 공유오피스가 아니라 하나의 기업이다. 각 스쿼드의 자치성을 크게 훼손하지 않으면서도 하나의 기업

으로서 누릴 수 있는 규모의 경제나 범위의 경제를 확보해야만 한다. 그렇기 때문에 스쿼드 간의 접착제 역할을 하도록 각 스쿼드를 가로지르는 챕터라는 전문가 조직을 따로 만든 것이다.

각 챕터 멤버들은 정기적으로 모임을 갖고, 자신들의 전문 영역과 해결해야 할 이슈들에 대해 토의한다. 챕터는 참여해도 되고 안 해도 되는 조직이 아니다. 챕터의 리더는 정식 라인 관리자로서 챕터 내의 인재 개발과 연봉 책정 등 중요한 인사 권한을 가지고 있다. 이들은 한 스쿼드의 일원으로 비즈니스 관련 업무를 수행하면서 동시에 챕터의 리더로서 중요한 인사 업무도 수행하는 것이다.

스포티파이처럼 완벽한 애자일 조직을 갖춘 기업들은 특히나 리더들의 역할, 즉 리더십이 중요하다. 틀이 꽉 짜인 관료주의적 위계질서를 가진 조직에서는 어떤 포지션이든 통제를 받거나 하는지의 여부, 각자의 역할 등이 정해져 있다. 하지만 애자일 조직은 그런 것들이 확정적이지 않고 늘 변하기 때문에 스스로 알아서 자신의 일을 찾아내고 수행하고 협력해야 한다. 그야말로 각 개인들도 자치적이어야 한다. 그러므로 리더의 포지션에 있는 사람들이 어떻게 이들을 잘 리딩하느냐가 더욱 중요해진다.

스포티파이에서는 세 종류의 리더 포지션이 중요한 역할을 수행한다. 첫 번째가 스쿼드의 리더 격인 PO이다. 사실 스쿼드에는 공식적으

로 정해진 리더 직함은 없지만 PO가 그 역할을 수행하는 것은 분명하다. PO의 가장 중요한 역할은 팀이 무엇을 왜 해야 하는지, 즉 업무의 우선순위를 정하는 것이다. 이를 통해 스쿼드에 주어진 미션과 목표 등을 챙긴다.

두 번째는 애자일 코치이다. 애자일 코치는 스쿼드 내에 있지 않고 외부에 존재한다. 그러나 스쿼드 멤버에 대한 1:1 코칭도 가능하고 스쿼드 전체에 대한 코칭도 해준다. 애자일 방식을 적용하는 데 있어 장애물들을 제거해주기도 하고, 개인들이 일하는 데 필요한 지적 도구를 가르쳐 주기도 한다. 또 개인 대 개인, 혹은 스쿼드 대 스쿼드 간의 협력을 유도하여 더 높은 성과를 창출하는 데 기여하기도 한다.

마지막 세 번째가 챕터 리더이다. 이들은 채용과 연봉 책정 등에 관여하고, 개인과 챕터 전체의 역량 강화를 위한 투자에도 관여한다. 챕터 리더들이야말로 통상적인 기업에서 볼 수 있는 관리자의 역할을 한다. 그러나 사업적 업무들에 대한 권한은 없다. 그것은 스쿼드의 PO들이 수행하기 때문이다.

스포티파이에서는 세 명의 리더인 PO, 애자일 코치, 챕터 리더들이 조화를 이루어 전체 조직을 리딩해 나간다. 아무리 제도가 잘 짜여 있어도 사람이 하는 일이라 리더 간에 갈등이 없을 수 없다. 그러나 갈등은 최소화하고 성과는 최대화할 수 있도록 각자의 역할과 책임이 구분

되어 있기 때문에 지금까지 애자일 조직이 잘 굴러가는 것은 물론 앞서 언급한 것처럼 대단한 사업적 성과도 창출하고 있는 것이다.

특히 2015년에는 사용자 개개인에 대한 1:1 맞춤형 플레이리스트Playlist를 일주일에 한 번씩 제공한다는 '디스커버 위클리Discover Weekly'라는 서비스를 애자일 방식으로 개발하면서 경쟁자들이 좇아오기 힘든 경쟁 지위를 확보하였다. 이 서비스에 대해 당시 CPOChief Product Owner 매트 오글은 다음과 같이 설명했다.*

> 당신이 이 세상에서 단 20명만 추구하는 음악을 하는 아주 소수의 특이한 뮤지션이라고 하자. 우리는 그 20명을 찾아서 아티스트와 팬으로 서로를 연결시켜 줄 수 있다. '디스커버 위클리'는 이제껏 존재하지 않던 규모로 이런 작업을 수행하는, 매력적인 신기능이다.

디스커버 위클리의 알고리즘을 서로 언어가 다르고 시간대가 다른 다양한 국가에 거주하는 7500만 명(2015년 당시 스포티파이 사용자 수)의 고객들에게 매주 확장하는 작업은 결코 간단한 작업이 아니었다. 하지만 스포티파이의 애자일 조직과 일하는 방식 덕분에 아이디어가 나온 지 4개월 만에 이 새로운 서비스를 모든 고객에게 제공할 수 있게 되었다.

* 『The Age of Agile』, 스티븐 데닝

상상해 보라. 매주 월요일 아침 자신보다도 자신을 더 잘 아는 스포티파이의 AI가 전 세계를 뒤져 자신의 취향을 저격하는 30곡의 음악이 담긴 플레이리스트를 업데이트해 준다면, 그것을 받아 든 고객들의 반응은 어떠했겠는가? 말할 필요도 없이 디스커버 위클리는 하나의 현상이 되어 전 세계로 퍼져 나갔으며 스포티파이 브랜드 인지도를 급상승시켜 새로운 사용자들을 대거 끌어들였다.

스포티파이의 사례는 매우 흥미롭지만 전체 조직의 애자일한 운영에 초점이 맞춰져 있기 때문에 마케팅적 관점에서의 시사점은 제한적이다. 그리고 애자일적 조직 운영에 초점을 맞춰서 본다 해도 스포티파이는 말 그대로 태생적 애자일 조직이기 때문에 일반 기업들로서는 선뜻 엄두가 나지 않는 요소들이 많다. 일례로 사업부와 기능 부서 등으로 구성된 '중앙 집중식 탑다운 조직'에서는 스포티파이의 스쿼드나 트라이브, 챕터 등을 선뜻 적용하기가 매우 어려울 것이다.

그럼에도 불구하고 스포티파이 사례에서 가져갈 교훈들은 많다. 앞서 언급한 것처럼 애자일마케팅을 실험적으로 도입하려 할 때, 전면적인 변화를 통해 도입하는 것보다는 임시적 팀을 구성하여 특정 마케팅 이벤트에 실험적으로 적용해 볼 것을 권하고 있다. 그러나 실험적이라고 해도 환경 변화에 민첩하게 대응한다는 애자일 특성을 지키기 위해서 조직은 애자일하게 운영해야 할 것이다. 스포티파이 사례에서 우리는 임시적 애자일 조직의 구성과 운영에 필요한 많은 교훈을 얻을 수

있다.

가령 스포티파이의 스쿼드는 애자일마케팅에서는 기능 횡단적 팀인 스크럼 팀과 흡사하다. 또 그들이 하는 역할, 즉 하나의 완제품을 만들어 내기 위해 각자 맡은 영역을 전문적으로 파고들어 자율적으로 업무를 수행하는 것 또한 스크럼 팀의 모범적 사례를 보여주는 것이다. 결론적으로 애자일마케팅의 조직 구조, 업무 프로세스, 인력 관리 등에서 스포티파이의 다양한 사례들을 응용할 수 있을 것이다.

2

EMC

이번에는 EMC라는 회사의 사례를 살펴보고자 한다. EMC는 스포티파이처럼 태생적 애자일 조직은 아니지만 마케팅 부문에 애자일마케팅 방식을 적용했다. 우선 EMC라는 기업에 대해서 간략하게 살펴보자. 델 EMC[Dell EMC]는 〈포춘〉 선정 500대 기업, S&P 500 기업 중 하나이며, 정보 관리/저장 소프트웨어 및 시스템 생산업체이다. 지난 2016년 델 컴퓨터가 EMC 코퍼레이션을 합병하여 '델 EMC'로 거듭났다.

EMC는 기존 마케팅 조직이 직면한 한계 때문에 애자일마케팅을 도입했다. 우선순위를 정할 수 없을 정도로 몰려드는 요청에 'do more, things better' 정신으로 일하였으나, 정작 사업부는 필요할 때 지원을 받지 못해 자체적으로 주요 마케팅 업무를 처리하였고 그 결과 결정적

으로 중요한 것들을 놓치는 일이 자주 발생했다. 다들 열심히 일은 했지만 결과는 만족스럽지 않았다.

이러한 한계를 극복하기 위하여 EMC의 고위 마케팅 리더들이 중심이 되어 당시 회사의 소프트웨어 개발 팀에서 활용하는 애자일 방식을 마케팅 영역에도 도입하기로 결정하였다. 그러나 당시 마케팅 분야에서는 전례가 없어서 처음에는 지원자를 선발하여 팀을 꾸리고, 매일 미팅을 가지면서 애자일마케팅 방법을 연구하였다. 당면 과제들에 대해 회사 마케팅 그룹과 해당 사업부 등과 협의하여 pain point를 명확히 하였고, 다음으로 애자일 방법을 적용했으나 단시간에 성과를 내지는 못했다.

당연한 얘기지만, 수차례의 시행착오를 겪었다. 예를 들어 미팅 시간은 15분에 불과하여 일부 전문가들은 불만이 많았고, 전형적인 프로젝트 매니저 역할이 아닌 퍼실리테이터로서의 역할을 해야 하는 담당 매니저도 혼란스러워했다. 그러다 보니 처음에는 모두 애자일마케팅 방식을 거부했다. 그러나 애자일 팀은 강요하지 않고, 스스로 새로운 방식이 어떻게 효과를 내는지 행동을 통해 보여주고, 부지런히 방법론을 다듬어서 점차적으로 신뢰를 얻게 되었다.

이런 과정을 거쳐서 EMC는 그들만의 애자일마케팅 방식을 만들어 냈다. 우선 EMC 조직에서 애자일마케팅을 통해 달성하고자 하는 미션

<그림 VI—5> EMC 애자일마케팅 미션

1. 더 적은 일을 더 잘, 그리고 더 효율적으로 수행한다.
2. 자신이 가장 잘하는 활동에 집중할 수 있도록 한다.
3. 사후 대응적이고 수동적이기보다 사전 예방적이고 능동적으로 행동한다.
4. 우선순위를 도출하여 합의된, 가장 중요한 항목에 대해 집중할 수 있도록 한다.
5. 커뮤니케이션 및 진행상황에 대한 투명성을 중요하게 여긴다.
6. 책임감이 왕이다.

출처: Agile Marketing, www.emc.com

을 명확히 하였다.

그리고 EMC의 특성에 맞는 애자일마케팅 운영 체계를 개발했다. 그 중 하나가 BOM(Business Objective Meeting)이다. BOM은 각 사업부의 리더들과 진행한다. 이 미팅에서는 가장 먼저 마케팅 지원이 필요한 사업의 비즈니스 모델은 무엇이고 전체 EMC 차원에서 보았을 때 해당 사업이 가지는 목표, 그 목표를 달성하기 위해 수행하는 전략적 활동, 사업에 연계된 이해관계자 등을 상세하게 도출하게 된다.

BOM에서 마케터들은 사업부 리더들에게 통상적으로 던지는 '우리가 무엇을 도와드릴까요?'라는 질문을 하지 않는다. 이러한 태도는 매우 중요한데, 이런 통상적인 질문에 대한 사업부 리더의 대답이 항상 옳다는 보장이 없기 때문이다. 즉 사업부가 원하는 마케팅 지원이 항상 사업에 정말 필요한 것이 아닐 수도 있다는 말이다. 그래서 마치 불필

요한 것들을 걸러내는 필터filter처럼 사업부 리더들과 직접 대화를 나누면서 사업부의 목표, 타깃 고객, 예산, 과거 시행했던 마케팅 등을 분석한다.

이러한 BOM은 결국 스크럼 방식의 스프린트 플래닝 미팅처럼 반복적으로 수행되는 기획 미팅Iterative planning meeting이다. 이 미팅은 모든 이해관계자들이 참석하여 퍼실리테이팅 워크숍 형태로 열린다. 여기서 마케터들은 퍼실리테이터가 되어 이해관계자들이 미처 생각 지 못한 아이디어들을 도출하도록 만드는 역할을 한다. 이 미팅에서 마케터들은 참여자가 직접 아이디어를 창출하도록 유도하는 퍼실리테이터 역할을 충실히 한다. 그러기 위해 중요한 것은 마케팅 부문의 전문가처럼 행동하지는 않는다는 것이다. 그렇게 하면 참여자들은 자신들이 스스로 답을 찾으려 하지 않고 전문가에게 답을 물어보려고 하기 때문이다.

그러나 회사의 마케팅 기능이나 역량을 가장 잘 아는 만큼 참여자들의 토론에 필요한 다양한 지식과 정보를 제공하는 역할은 하게 된다. 다시 말해서 참여자들에게 지속적으로 핵심적인 질문을 던져서 그들의 사고를 자극하고, 또 그들이 좀 더 큰 그림을 보면서도 핵심적인 레버리지 포인트Leverage point를 놓치지 않도록 필요한 지식과 정보를 제공하는 역할을 한다. 이를 위해 단지 재미있는 게임이나 포스트잇을 사용하여 바쁘게 왔다 갔다 하는 보여주기식 퍼실리테이팅이 아닌, '소크라테스식 문답법'을 활용하는 수준 높은 퍼실리테이팅 방식을 수행한다.

BOM이 끝나면 스프린트 세트set를 함께 정의하게 되는데, 스프린트 세트에는 앞서 언급한 애자일마케팅캔버스처럼 세부적인 스프린트 백로그, 예상 산출물, 참가자의 역할, 주요 마일스톤과 일정 등이 포함된다.

스프린트의 실행에 있어서도 EMC만의 상황에 맞추어 기존의 애자일 방식과는 다른 방식을 택했다. 가장 큰 차이점이 매일 아침 15분씩 진행되는 데일리 스탠드업 미팅이다. EMC는 이를 매일 수행하지 않았다. 현실적인 여건을 반영하여 동시에 열리는 데일리 스탠드업 미팅을 통합하기도 하고, 또 한 주에 2~3번 정도로 횟수를 조정하였다. 그리고 실제로 미팅은 항상 서서stand-up 하는 것으로 방침을 정해서 중요한 안건을 신속하게 토의하도록 유도했다.

스프린트가 마무리되는 시점에서는 기존 애자일 방식처럼 산출물을 시연하고 이것들이 각각 전체 사업이라는 큰 그림 속에서 어떤 기능과 역할을 하게 되는지를 리뷰한다. 이렇게 함으로써 마케터들도 자신의 역할이 '고객을 위한 가치 창조'라는, 기업이 추구하는 핵심 목표를 달성하는 데 어떤 역할을 하는지 직접 느끼고 동기부여를 받을 수 있도록 한다. 최종적으로 스프린트에서 효과적인 작업들은 다음 단계에서도 적용하고, 효과가 떨어지는 작업들은 제거하도록 스프린트 회고 미팅도 가진다. EMC는 이를 애자일마케팅을 지속적으로 발전시키기 위한 필수적인 단계로 보고, 객관적인 데이터를 통해 무엇이 효과가 있고

무엇이 효과가 없었는지를 정밀하게 체크했다.

애자일마케팅을 도입하고 EMC에는 많은 변화가 일어났다. 우선 EMC는 애자일마케팅을 통해 신제품 출시를 완전히 개선하였다. 모든 신제품 출시 프로세스마다 애자일 방법론을 개발하고 팀에게 실행 매뉴얼을 제공하여 전반적으로 투입되는 시간과 노력을 최소화하면서도 완전히 투명하게 만들었다. 그 외에도 캠페인 활동은 모두 애자일 과정을 거쳤고 매우 성공적이었다. 각 캠페인과 관련된 엄청난 양의 자산과 활동들이 애자일마케팅 모델의 혜택을 받았다. 일 년 내내 지속적으로 우선 순위 결정, 마케팅 활동, 산출물 등을 계획하는 능력은 관련된 모든 사람들의 만족을 높였다.

애자일마케팅 도입을 통해 EMC가 얻은 주요한 혜택을 정리하면 다음과 같다. 첫째, 마케팅 업무가 중앙에 집중되고 우선순위를 매기는 능력이 높아졌다. 각 사업부의 요구에 따라 작업을 스케줄링하는 방법을 알고 있으며 각 사업부의 추측 없이 더 큰 그림을 이해하게 되었다. 둘째, 시간 관리가 좋아졌다. 사업부들이 각 마케팅 기능 그룹을 돌아다니며 자신의 요구를 제시하느라 며칠을 보내지 않게 됐다. 모든 팀 구성원들이 처음에는 정기 회의라는 생각에 주저했지만, 결국 짧은 회의를 자주 함으로써 다른 팀들의 활동에 맞추려고 여러 조직들과 갖는 긴 회의가 불필요해졌다는 데 동의했다. 셋째, 투명성을 통해 책임감이 고취되었다. 핵심적인 규칙을 공표하고 모든 관련자들이 그 규칙을 따

르게 함으로써 마케팅 프로세스의 투명성을 높이게 되었고, 이를 통해 각 팀원들의 책임감을 명확하게 할 수 있었다. 이러한 방식은 특히 오늘날의 글로벌/원격 팀 조직에서 매우 중요하다.

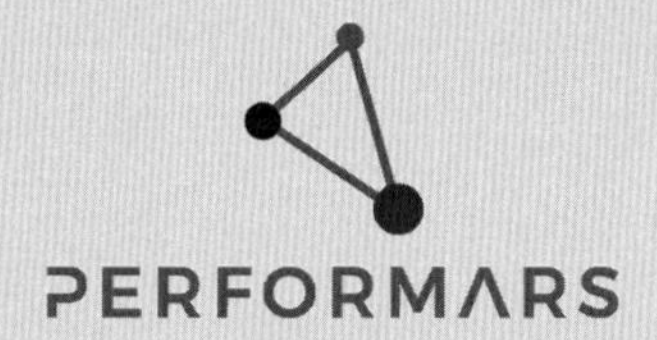

퍼포마스는?

"당신의 글로벌 마케팅, 디지털 마케팅 비밀 병기, 퍼포마스"

퍼포마스는 글로벌 마케팅 및 디지털 마케팅에 대한 전체론적인 관점과 실제 경험을 바탕으로 각 고객사의 상황에 맞는 최적의 마케팅 솔루션을 만들어 내는 데 전념하고 있다.

퍼포마스는 한국 본사와 싱가포르 법인을 중심으로 전 세계 50여 명의 전문 인력을 보유하고 있다. 풍부한 경험과 인사이트를 바탕으로 글로벌 시장 데이터, 글로벌 마케팅 및 디지털 마케팅 콘텐츠 개발 그리고 최신 마케팅 테크놀로지 도입 등을 다루고 있다.

퍼포마스는 다음과 같이 네 개의 집중 사업 부문을 가지고 있다. 또, 이를 모두 포함하는 S.E.T[Strategy, Execution, Transformation]를 핵심 서비스로 삼고 있다. S.E.T는 글로벌, 디지털 마케팅을 실시하고자 하는 고객사들을 대상으로 전략, 실행, 트랜스포메이션을 다각도로 돕는 서비스이다.

퍼포마스 제공 서비스

1) 마케팅 인사이트
   1. 마케팅 페르소나 개발
   2. 디지털 고객여정 디자인
   3. 웹사이트/이커머스 행동분석
2) 글로벌 마케팅 전략
   1. 아시아 Go To Market 전략
   2. 애자일마케팅 전략수립/ 워크숍
3) 마케팅 자동화
   1. 허브스팟(HubSpot)
   2. 리드피더(Leadfeeder)
   3. 믹스패널(Mixpanel)
   4. 쇼피파이(Shopify)
   5. 세일즈포스(Salesforce)
4) 디지털 트랜스포메이션 교육
   1. 디지털 마케팅 교육
   2. 비즈니스 인공지능 교육

애자일마케팅 워크숍 소개

애자일마케팅 강의 및 워크숍은 애자일마케팅을 도입하고자 하는 기업들에게 애자일마케팅을 효과적으로 실시할 수 있도록 돕기 위함이다.

모듈명	내용	세부 프로그램
애자일마케팅 이란?	전체과정의 인트로 부분으로 기업환경의 불확실성 증대와 이에 따른 애자일마케팅의 필요성, 그리고 애자일마케팅개념, 현실적인 도입방안 등을 제시	1. 4차 산업시대, 기업환경은 더욱 불확실해진다. 2. 전통적 마케팅과 애자일마케팅 3. 애자일마케팅은 어떻게 도입해야 할까?
애자일마케팅 전략개발 SFC워크숍	애자일마케팅 전략 개발을 위해 페르소나, CDJ, 터치포인트, 고객스토리, 애자일마케팅캔버스와 같은 개념과 툴을 배우고, 이를 활용하여 SFC(Scan-Focus-Create)워크숍을 어떻게 진행하는지 배우고 실습함	1. 애자일마케팅에서의 Little전략과 SFC 워크숍 2. SCAN: Big Picture를 스캐닝하라 - 마케팅 미션확인 - 페르소나 개발 3. FOCUS: Leverage Point에 포커싱하라 - Customer Experience Journey매핑 - 핵심터치포인트 도출 4. CREATE: Leverage Point의 활용방안을 크리에이팅하라 - 고객스토리 개발 - 애자일마케팅캔버스 작성
애자일마케팅 운영방안 스크럼 (Scrum)	전단계에서 산출된 애자일마케팅캔버스를 스크럼방식을 통해 운영하는 방법을 배우고 실습함	1. 민첩하게 일하는 방법: 스크럼과 스프린트 2. 애자일마케팅 팀의 R&R: 마케팅오너/애자일코치 등 3. 스크럼을 위한 4가지 미팅 - Sprint Planning 미팅 - Daily Scrum 미팅 - Sprint Review 미팅 - Sprint 회고미팅

Contact Us

Website: www.performars.com

Email: hello@performars.com

Tel: +82(0)2—598—8999

나날이 불확실해지는 경영 환경,
애자일마케팅으로 돌파하라

초판 1쇄 발행 2020년 5월 25일

지은이 이건호, 조수호, 최문성, 손민지
이러닝 라오니스, PSI컨설팅
펴낸이 김혜은, 정필규
마케팅 정필규
편 집 김신희, 김정웅
디자인 롬디

펴낸곳 피플벨류HS
출판등록 2017년 10월 11일 제 2017—000065호
주 소 (10126) 경기도 김포시 고촌읍 장차로5번길 5—25, 5층 584—1호(엔타운)
문 의 010—3449—2136
팩 스 0504—365—2136
납품 이메일 haneunfeel@gmail.com
일반문의 이메일 pvhs0415@naver.com

ISBN 979-11-962126-6-7 03320
값 15,000원

KB163310